CB130254

CIDADE E SUBJETIVIDADE

Memória e imaginário em torno do Teatro Amazonas

Coleção Clínica Psicanalítica
Títulos publicados

1. **Perversão**
   Flávio Carvalho Ferraz
2. **Psicossomática**
   Rubens Marcelo Volich
3. **Emergências Psiquiátricas**
   Alexandra Sterian
4. **Borderline**
   Mauro Hegenberg
5. **Depressão**
   Daniel Delouya
6. **Paranoia**
   Renata Udler Cromberg
7. **Psicopatia**
   Sidney Kiyoshi Shine
8. **Problemáticas da Identidade Sexual**
   José Carlos Garcia
9. **Anomia**
   Marilucia Melo Meireles
10. **Distúrbios do Sono**
    Nayra Cesaro Penha Ganhito
11. **Neurose Traumática**
    Myriam Uchitel
12. **Autismo**
    Ana Elizabeth Cavalcanti
    Paulina Schmidtbauer Rocha
13. **Esquizofrenia**
    Alexandra Sterian
14. **Morte**
    Maria Elisa Pessoa Labaki
15. **Cena Incestuosa**
    Renata Udler Cromberg
16. **Fobia**
    Aline Camargo Gurfinkel
17. **Estresse**
    Maria Auxiliadora de A. C. Arantes
    Maria José Femenias Vieira
18. **Normopatia**
    Flávio Carvalho Ferraz
19. **Hipocondria**
    Rubens Marcelo Volich
20. **Epistemopatia**
    Daniel Delouya
21. **Tatuagem e Marcas Corporais**
    Ana Costa
22. **Corpo**
    Maria Helena Fernandes
23. **Adoção**
    Gina Khafif Levinzon
24. **Transtornos da Excreção**
    Marcia Porto Ferreira
25. **Psicoterapia Breve**
    Mauro Hegenberg
26. **Infertilidade e Reprodução Assistida**
    Marina Ribeiro
27. **Histeria**
    Silvia Leonor Alonso
    Mario Pablo Fuks
28. **Ressentimento**
    Maria Rita Kehl
29. **Demências**
    Delia Catullo Goldfarb
30. **Violência**
    Maria Laurinda Ribeiro de Souza
31. **Clínica da Exclusão**
    Maria Cristina Poli
32. **Disfunções Sexuais**
    Cassandra Pereira França

67. **Tortura**
Maria Auxiliadora de Almeida Cunha Arantes

68. **Ecos da Clínica**
Isabel Mainetti de Vilutis

69. **Pós-Análise**
Yeda Alcide Saigh

70. **Clínica do Continente**
Beatriz Chacur Mano

71. **Inconsciente Social**
Carla Penna

72. **Psicanálise e Música**
Maria de Fátima Vicente

73. **Autorização e Angústia de Influência em Winnicott**
Wilson Franco

74. **Trabalho do Negativo**
Vera Lamanno-Adamo

75. **Crítica à Normalização da Psicanálise**
Mara Caffé

76. **Sintoma**
Maria Cristina Ocariz

77. **Psicologia Hospitalar e Psicanálise**
Alfredo Simonetti

78. **Cidade e Subjetividade**
Flávio Carvalho Ferraz

Coleção Clínica Psicanalítica
Dirigida por Flávio Carvalho Ferraz

CIDADE E SUBJETIVIDADE
Memória e imaginário em torno do Teatro Amazonas

Flávio Carvalho Ferraz

Casa do Psicólogo®
uma empresa PEARSON

© 2015 Casapsi Livraria e Editora Ltda.
É proibida a reprodução total ou parcial desta publicação, para qualquer finalidade, sem autorização por escrito dos editores.

Editor: *Ingo Bernd Güntert*
Coordenadora Editorial: *Marcela Roncalli*
Assistente Editorial: *Cíntia de Paula*
Produção Editorial: *Casa de Ideias*

Dados Internacionais de Catalogação na Publicação (CIP)
Angélica Ilacqua CRB-8/7057

Ferraz, Flávio Carvalho

Cidade e subjetividade : memória e imaginário em torno do Teatro Amazonas / Flávio Carvalho Ferraz. – São Paulo : Casa do Psicólogo, 2015. – (Coleção Clínica Psicanalítica / dirigida por Flávio Carvalho Ferraz).

Bibliografia

ISBN 978-85-8040-601-6

1. Identidade social 2. Subjetividade 3. Memória coletiva
I. Título II. Série

15-050 CDD 155.942

Índices para catálogo sistemático:
1. Psicologia – comunidades urbanas

Impresso no Brasil
Printed in Brazil

As opiniões expressas neste livro, bem como seu conteúdo, são de responsabilidade de seus autores, não necessariamente correspondendo ao ponto de vista da editora.

Reservados todos os direitos de publicação em língua portuguesa à

Casapsi Livraria e Editora Ltda.
Av. Francisco Matarazzo, 1500 - Cj. 51
Edifício New York - Centro Empresarial Água Branca
Barra Funda - São Paulo/SP
CEP 05001-100
Tel. Fax: (11) 3672-1240
www.casadopsicologo.com.br

Sumário

Este pequeno trabalho é uma homenagem ao Brasil.

Agradecimentos

Ao Governo do Estado do Amazonas (Gestão 1998-2002), em particular à Secretaria de Estado da Cultura, por minha inclusão no Projeto "Busca de Identidade", que possibilitou a realização da pesquisa da qual resultou este livro[1];

Ao Dr. Manoel Galvão, que, naquela ocasião, me apresentou ao meio cultural amazonense;

À Profa. Dra. Maria Luisa Sandoval Schmidt, orientadora de meu trabalho de doutorado, de quem recebi os instrumentos teóricos e metodológicos para a realização da pesquisa no campo da memória coletiva e da história oral;

A Helena Tassara, pela preciosa colaboração na realização e na edição das entrevistas;

Aos entrevistados, cujas recordações constituíram a matéria propriamente dita desta pesquisa: Aurélio Michiles, Luís Carlos Sampaio (Lula), Yeda Maria Bezerra de Oliveira, Thomaz Décio Abdalla Siqueira e Heloísa Helena Correia.

---

1 A versão original do texto resultante desta pesquisa foi publicada em livro com o título *A presença da cidade e de sua história nas subjetividades: o caso particular do Teatro Amazonas* (Manaus: Governo do Estado do Amazonas, 2012).

Prefácio: Teatro Amazonas – A pele e o cartão-postal

A memória é trabalho, como ensina Maurice Halbwachs.

Os testemunhos recolhidos neste livro são exemplos desse trabalho, cuidadosamente amparados por uma introdução teórica sobre memória coletiva e seus liames com os temas da subjetividade e do espaço e por um comentário final destacando elementos significativos das narrativas.

Narradores e narradoras constroem visões únicas e próprias que, em conjunto, apresentam o Teatro Amazonas de Manaus.

Trata-se da apresentação de múltiplas e heterogêneas faces do Teatro que, assim, se mostra como objeto e ocasião de rememoração, como lugar de aparecimento de uma teia complexa de lembranças e como pretexto para o modo de operar da memória.

Os pontos de vista que compõem a memória coletiva podem ser complementares, antagônicos, convergentes ou tensos entre si. A pluralidade de perspectivas e as possibilidades de combinação de elementos diversos em que as lembranças se enlaçam a opiniões, interrogações, valores, esquecimentos e silêncios mostram o Teatro vivente e pulsante, abrigado na experiência estética e formativa das gerações representadas pelos entrevistados.

Este documento escrito é de interesse para a vida do Teatro, pois não só acolhe narrativas que, de outra maneira, poderiam se perder, mas, sobretudo, constitui-se em apoio para a teia sem fim de associações, lembranças e outras apropriações que ele pode suscitar.

A leitura das narrativas é saborosa: o alimento que se degusta é o Teatro; a história e as histórias que ele carrega; os tempos de antepassados, da infância, da juventude, do apogeu, da decadência e da restauração que nele se desdobram; a província e o estrangeiro, o dentro e o fora, a arte, a brincadeira, a cultura que se deslocam em vários sentidos; as desigualdades sociais expressas nos modos de habitar e "usar" o lugar.

As narrativas são pródigas em imagens e sugestivas de linhas interpretativas interessantes, muitas delas exploradas no comentário final: o Teatro na formação identitária do manauara e do amazonense, suas qualidades como clareira para o mundo, espaço público e elo transgeracional.

Da abundância de imagens, destacam-se aqui duas que, particularmente, chamam a atenção: o Teatro como pele e cartão-postal.

A imagem da pele é, talvez, a mais singular, diferente e estranha que aparece no conjunto das metáforas. Impressiona pela força e intensidade. Nas palavras de Aurélio, autor da invenção, o Teatro "[...] é como se fosse uma pele. É a pele mais cara, a mais fina. É a sintonia fina. Eu diria que é a pele que me realça, que me forma, que me transmuta e que me faz ser o que eu sou".

O inusitado da imagem faz pensar. Ela se explicita, quem sabe, com ênfase no caráter formativo do Teatro, não do Teatro em si, mas da relação de Aurélio com o Teatro, com a arte e com a cultura.

A pele como região de contato e de fronteira remete a esta dimensão relacional, à existência de um monumento que se faz lugar porque está aberto à habitação, ao transitar, à transposição.

Aurélio enumera alguns objetos que o acompanham no trajeto da formação: bola, livro, máquina fotográfica. E descreve um certo processo de aprimoramento da pele: "À medida que fui crescendo, o Teatro Amazonas foi ocupando camadas. Era como uma camada fina do corpo se depurando, se trabalhando. Era uma casca grossa, depois foi mudando até virar um linho colorido...".

A imagem da pele remete, sobretudo, a lembranças da infância e da juventude de Aurélio, a um período, anos 1950, 60 e 70, ao que parece, em que o Teatro ficava aberto, quase abandonado. Lugar de brincar, flanar, namorar, o Teatro e seu entorno guardam desse tempo da infância e da juventude de Aurélio as qualidades afeitas à formação: "[...] sabor do proibido, da conquista, da descoberta. Era sempre um rito de passagem".

Mesmo seguindo a pista do sentido formativo da imagem da pele, reverbera a pergunta: o significa dizer que um lugar é como uma pele?

A imagem da pele, como já se disse, destaca-se por ser inusitada, rara; a do cartão-postal, por sua vez, impõe-se pela recorrência: em todas as narrativas, o Teatro é tratado como referência e paisagem mais importante da cidade de Manaus e, certamente, uma das mais ilustres do Brasil.

Para Lula, a localização é determinante para sua fama de cartão-postal:

> O que o faz ocupar esse papel de cartão-postal? É sua forma. A forma, a imensidão, a localização: é o centro da Amazônia. Eu penso que aquele ponto foi determinado como centro da Amazônia! Só pode ter sido, não foi algo gratuito!

Para além da indagação sobre a centralidade geográfica do local onde o Teatro foi construído, o assunto da localização é exemplar quando designa que uma construção com a força e o poder do Teatro Amazonas só pode ser central para toda a região, prevalecendo a ideia de propósitos e intenções contidos no próprio projeto, na própria origem da construção.

O Teatro cumpre missão civilizadora, é motivo de orgulho, "[...] é lugar onde está sempre vivo o período que foi muito marcante para a história do Amazonas", é tratado com cuidado e reverência pela população.

Porém, em algumas falas, o imaginário edificante das lendas sobre grandes personagens que ali atuaram e a generalização de sua importância para "milhares e milhões" de amazonenses são contrastados por observações sobre seu caráter elitista, sua ocupação por espetáculos de pouco sucesso no Rio ou em São Paulo, sua distância em relação ao povo.

Heloísa Helena encontra uma síntese potente da "distância próxima" do povo em relação ao Teatro: "A Praça São Sebastião é palco de manifestações populares e o Teatro é o cenário".

É tentador apreender do conjunto de narrativas contradições, incoerências e, ainda, uma certa ordenação em períodos subsequentes de esplendor e abandono, de ocupação elitista e popular, de preocupação e desinteresse locais pelo Teatro. Outros personagens, outras gerações e outras classes sociais trariam mais elementos para esse complexo mosaico em que, no entanto, o Teatro, no plano da memória e do imaginário coletivo, provavelmente persistiria um ente de múltiplas máscaras.

A ordenação lógica é estranha aos "métodos" da memória coletiva, mais acostumada à bricolagem.

A cúpula do Teatro é também uma unanimidade nas lembranças dos entrevistados, constelando matérias relevantes para a composição do cartão postal.

Fato principal é que até pouco tempo a cúpula era vista de qualquer e todo lugar da cidade: a visibilidade da cúpula se confunde com a visibilidade do Teatro. "A cúpula é algo vivo demais!", diz Yeda. E, como o Teatro, mutante suporte de imagens: bandeira brasileira, seio decepado das amazonas, cuia de tucupi, bola de futebol... Inacessível e mitológica, a cúpula torna Manaus uma cidade única.

A representação da centralidade do Teatro acompanha aquela do centro da cidade: representação de uma unidade que pouco a pouco se fragmenta ou parte, criando vários centros. À medida que a cidade se reparte e descentraliza, por assim dizer, o Teatro também se desloca; antes local de passagem obrigatória, agora não mais.

Impedir as mudanças da cidade é impossível, por isso, pode ser importante lembrar como era, observa Thomaz.

Sobrevivente, o Teatro permanece e dura.

São Paulo, janeiro de 2015
Maria Luisa Sandoval Schmidt

Introdução: Notas sobre o Teatro Amazonas

"A primeira vez que entrei no Teatro Amazonas, foi um encantamento. A beleza e a suntuosidade do teatro me fizeram ficar deslumbrada. Meu pai sempre me falava da beleza dos palácios e dos teatros do mundo, notadamente do Vaticano. Então pareceu-me que estava naquele palácio."

(Chloé Loureiro)[1]

O Teatro Amazonas, obra que ostenta um fabuloso arrojo arquitetônico para a época em que foi construído, levou dezessete anos para ficar pronto. Após uma série de problemas, entre eles o rompimento de contrato com os construtores, no ano de 1898 a obra foi finalmente concluída. Marco de um tempo de plenitude da riqueza advinda do ciclo da borracha na Amazônia, sua construção teve por objetivo colocar a cidade de Manaus no mesmo patamar das grandes cidades expoentes da civilização ocidental. Prova disto é que em qualquer menção que se faça a essa cidade – publicações nacionais ou estrangeiras – aparece o teatro com toda sua majestade.

---

[1] *Doces lembranças*. São Paulo: Marco Zero, 1987, p. 187.

Tamanha é a importância deste monumento que até mesmo o imaginário popular viu-se instado a produzir uma lenda que estivesse a sua altura: conta-se que Caruso cantou em sua inauguração (fato registrado na *Enciclopédia Britânica*), muito embora o cantor nunca tenha estado na Amazônia. Segundo o escritor e crítico de arte Clarival do Prado Valladares[2] (1974), isto só pode se dever ao fato de o verbetista daquela enciclopédia não ter podido conceber tamanha grandiosidade de um teatro sem a presença de tão célebre tenor de ópera em sua inauguração...

O Professor Mário Ypiranga Monteiro (1965), historiador do Teatro Amazonas, assim resume os percalços da construção dessa obra:

> Vai findar o ano de 1896 e estas são as últimas disposições tomadas em relação às obras do suntuoso edifício nesse trabalhoso período de 1892 a 1896. Quatro anos de atividades contínuas, talvez um pouco apressadas demais, que anexadas aos onze anos de *démarches*, de inatividade, de ruptura de contratos e aos dois anos e meio – 1897-1898 – de término das obras, perfazem um total assombroso (para nós) de dezessete anos, que foi o necessário para dar-se a Manaus aquela maravilhosa obra de arquitetura em bom gosto, infelizmente caída no abandono durante longo tempo... (p. 250).

2 Médico e historiador baiano (1918-1983); autor do livro *Restauração e recuperação do Teatro Amazonas* (Rio de Janeiro: Bloch, 1974).

Assim, abandonado à própria sorte, o Teatro compartilhou com o Amazonas a decadência do ciclo econômico da borracha. Perdeu seu resplendor, ficando sem uso adequado, utilizado apenas para pequenas cerimônias de repercussão absolutamente local, quando não usado por crianças que ali "brincavam de teatro". Após a reforma de 1974, no entanto, o cenário começou a mudar para o Teatro Amazonas, visto que, a partir daí, com as sucessivas melhorias que veio recebendo, ele foi deixando de ser um objeto cioso, subaproveitado, marco do saudosismo melancólico de um passado próspero e perdido, para reencontrar sua vocação de grandiosidade, voltando a ser um polo receptor e irradiador de cultura, agora atualizado em termos de tecnologia.

A história do Teatro Amazonas, nela incluída o período de decadência, está refletida nos depoimentos recolhidos para este trabalho, como o leitor verá mais à frente. Hoje em dia é um orgulho para o Amazonas e para o Brasil constatar que sua decadência foi revertida e que o Teatro recuperou a importância e a aura que inspiraram sua concepção e sua construção. Recuperou-se tanto do ponto de vista da arquitetura e da engenharia, como também do ponto de vista cultural, voltando a ser palco de grandes acontecimentos para a música. A criação, em 1997, da Orquestra Filarmônica do Amazonas, cujo primeiro regente foi o maestro Júlio Medaglia[3], atraiu músicos do mundo todo para Manaus,

---

3 Maestro e arranjador paulista nascido em 1938.

marcando definitivamente a reinscrição do Teatro no plano artístico internacional, que, assim, reencontrou sua verdadeira vocação.

O Teatro Amazonas tem sido visto, através de décadas, como uma espécie de "cartão-postal" privilegiado da cidade de Manaus. *Grosso modo*, este é o papel que ele desempenha para o público externo. Julguei interessante, no entanto, investigar a contrapartida deste fenômeno, que é *a representação subjetiva que este monumento tem para a população da cidade*, isto é, seu significado no plano das histórias individuais. Algumas questões a serem investigadas, deste modo, seriam: quais as diversas representações subjetivas que podemos encontrar do Teatro Amazonas? Quais seriam as modalidades de afeto despertadas na população por esta construção e seus significados simbólicos? De que modo sua presença fertiliza o imaginário coletivo? Qual o lugar que ele ocupa na tradição narrativa comunitária? Qual o significado *local* de um monumento que, *para o olhar estrangeiro*, tem o valor de símbolo de uma cidade inteira?

A imagem e o significado da cidade e de seus logradouros, atrelados a sua função e a seu valor para cada um, podem ser buscados nos domínios da memória social e desvelados através da tradição narrativa comunitária. É por isso que este trabalho consistiu em coletar uma amostragem de um componente específico da memória da cidade de Manaus, que é o *Teatro Amazonas*.

O meio ambiente, em todos os sentidos que este termo pode conter, desempenha um papel ativo na formação das subjetividades. As cidades e seus logradouros, com toda a carga histórica que possuem, também tomam parte nesse processo de subjetivação. A relação do indivíduo com sua cidade é, assim, parte ativa em sua própria história subjetiva. Diz o arquiteto e urbanista Marcelo Carvalho Ferraz (1998) sobre a cidade:

> Dura, dolorida, áspera, real, física, intrigante, interessante, necessária, sedutora, apaixonante, abstrata, maravilhosa. Maravilhosa por ser *o recipiente da existência*, por excelência, nos tempos modernos. Recipiente da existência dos encontros dos diversos e das diversidades, do trabalho, do sonho realizável [...] enfim, da possibilidade plena de criar (p. 2).

Toda comunidade possui construções históricas, logradouros, praças, ruas ou monumentos portadores de uma significação especial, que marcam a experiência de vida de seus habitantes, fornecendo uma determinada identidade coletiva. São marcos históricos que se convertem em símbolos e, desta maneira, adquirem o poder de aglutinar em torno de si sentimentos comunitários os mais variados, de modo a participar da formação daquela unidade que congrega os indivíduos em um certo pertencimento comunitário.

Sua forma, sua história e sua importância fazem com que se tornem atrativos para a atividade simbólica. A eleição de um objeto como símbolo comporta uma espécie de projeção da vida anímica sobre o mesmo. E, como postula Susanne K. Langer (1989), esta operação psíquica está, em certa medida, condicionada às próprias características formais de tal objeto. "Projetar sentimentos em objetos externos", diz ela, "é a primeira maneira de simbolizar e, destarte, de *conceber* os referidos sentimentos" (p. 130).

Certos monumentos condensam sentidos no plano da caracterização de uma identidade das cidades. Permanecem como que para sempre na condição de "cartões-postais" emblemáticos das cidades que os abrigam, como é o caso da estátua do Cristo Redentor no Rio de Janeiro ou da Torre Eiffel em Paris, para ficarmos apenas com dois exemplos.

Há até mesmo cidades nas quais a própria população, de modo espontâneo e independente do poder e do erário públicos, engajou-se na preservação e na recuperação de suas construções urbanas que contavam a história local e, deste modo, eram objeto de uma afetividade peculiar que unia as pessoas sob uma identidade grupal. Essa constatação nos impele a lembrar da ligação que existe entre este espaço físico, psíquico e social que é a cidade e o atributo da *cidadania*. Há uma palavra que faz precisamente alusão ao relacionamento civilizado entre os seres humanos e que também se liga à ideia do espaço urbano consubstanciado pela cidade: *urbanidade* (Ferraz, 1998).

Os marcos urbanos não são apenas entidades físicas que contam a história "oficial" das cidades: são, antes, cenários dos acontecimentos cotidianos da experiência de vida de cada um dentro do grupo social. Condensam e mesclam as experiências individuais e coletivas. Servem como cenário para o desenrolar da vida singular de cada sujeito e funcionam, simultaneamente, como elo entre as pessoas de uma determinada época, considerando-se o plano da temporalidade horizontal. Em outro plano, o da temporalidade vertical, são elos entre as gerações que se sucedem, visto que sobrevivem a cada uma delas. Constituem, deste modo, um elemento vital dentre os organizadores da identidade coletiva do grupo social no sentido *histórico*. As tradições populares, as narrativas orais comunitárias, os festejos tradicionais (religiosos ou não), os mais diversos costumes locais, entre outros, constituem autênticos exemplares dos elementos organizadores da identidade coletiva.

O Teatro Amazonas exerce este papel para a cidade de Manaus, por ser um marco histórico que transcende suas fronteiras, ganhando o *status* de um bem que se tornou símbolo até mesmo do país. É evidente que Manaus possui outros monumentos que podem muito bem representá-la (como o edifício da Alfândega, o Mercado Municipal, o Palácio da Justiça e o Palácio Rio Negro). Mas o Teatro possui o atributo especial de ser conhecido para além das fronteiras do estado ou mesmo do país. Esta fama incrementa seu papel de símbolo urbano, pois realimenta seu potencial simbólico e forja uma aura que a população percebe reforçada pelas alusões que a ele são feitas reiteradamente, pelo fluxo de visitantes que atrai, por sua relevância para a cultura local e, por fim, pelo mais singelo dos argumentos: sua própria beleza e sua complexidade estética e arquitetônica.

1.

Memória e narrativa[1]

O valor da recordação para o homem é de tal forma intenso, até mesmo para sua constituição enquanto indivíduo e membro de um grupo, que, a rigor, não seria necessário explicitá-lo de modo exaustivo. A sobrevivência da tradição oral no interior das comunidades, por um lado, e o vigor da literatura memorialística, por outro, são exemplos do modo como o homem guarda em si a necessidade constante da reconstituição de seu passado. Até mesmo porque a memória involuntária pode adentrar sua consciência, aí introduzindo uma verdadeira força de necessidade no sentido de percorrer os caminhos da recordação e da associação a que ela conduz.

Santo Agostinho (397/401) dedicou uma série de capítulos de suas *Confissões* ao exame da memória, para ele

---

[1] Utilizei nesta pesquisa os mesmos fundamentos teóricos e metodológicos que já havia empregado em minha pesquisa de doutorado no Instituto de Psicologia da Universidade de São Paulo, orientada pela Profa. Dra. Maria Luisa Sandoval Schmidt, concluída em 1999 e publicada em livro sob o título *Andarilhos da imaginação: um estudo sobre os loucos de rua* (São Paulo: Casa do Psicólogo, 2000). Por esta razão, este capítulo contém partes do mesmo texto presente no Capítulo 5 do livro mencionado, que trata do método de investigação adotado.

faculdade de imagens corpóreas e, em um grau mais elevado, faculdade puramente espiritual.

> Chego aos campos e vastos palácios da memória onde estão tesouros de inumeráveis imagens trazidas por percepções de toda espécie. Aí está também escondido tudo o que pensamos, quer aumentando quer diminuindo ou até variando de qualquer modo os objetos que os sentidos atingiram. Enfim, jaz aí tudo o que se lhes entregou e depôs, se é que o esquecimento ainda o não absorveu e sepultou. [...] Lá se conservam distintas e classificadas todas as sensações que entram isoladamente pela sua porta. Por exemplo: a luz, as cores e as formas dos corpos penetram pelos olhos; todas as espécies de sons, pelos ouvidos; todos os cheiros, pelo nariz; todos os sabores, pela boca. Enfim, pelo tato entra tudo o que é duro, mole, quente, frio, brando ou áspero, pesado ou leve, tanto extrínseco como intrínseco ao corpo (p. 176-177).

Gaston Bachelard (1960), filósofo afeito ao tema da recordação e do devaneio, tematizou a importância das lembranças da infância para o reencontro com nossa própria capacidade de fruição estética:

> Ao sonhar com a infância, regressamos à morada dos devaneios, aos devaneios que nos abriram o mundo. [...]

> Nos devaneios de criança, a imagem prevalece acima de tudo. As experiências só vêm depois. Elas vão a contravento de todos os devaneios de alçar voo. A criança enxerga grande, a criança enxerga belo. O devaneio voltado para a infância nos restitui à beleza das imagens primeiras (p. 97).

Ao coletar as recordações que as pessoas trazem sobre o Teatro Amazonas, sabemos que o material que delas emerge não diz respeito a um mero imóvel, mas sim à *experiência* vital daqueles que lembram: o Teatro, prenhe de significações potenciais, é uma imagem que catalisa o surgimento da própria história de vida de quem está recordando e falando; é um palco privilegiado por atravessar a história de vida daquele que fala, desde a infância, alcançando até mesmo sua pré-história, isto é, um tempo que ele conhece pela narração de outrem – pais, avós etc. É também privilegiado por ser um marco indubitável da própria cidade, o que o torna adequado para reunir em torno de si uma parcela significativa da memória coletiva urbana.

O filósofo Henri Bergson (1897), que ocupa um lugar proeminente na filosofia da memória, adotava uma posição introspectiva diante de seu objeto de investigação: iniciou sua pesquisa voltando-se para sua própria percepção, indagando-se sobre o que percebia ao ver as imagens do presente ou ao se voltar para as imagens do passado. Sua conclusão foi a de que cada imagem que para ele se formava estava sempre mediada pela imagem de seu próprio corpo.

Segundo Ecléa Bosi (1979), o trabalho de Bergson estabeleceu o nexo entre *imagem do corpo* e *ação*, visto que "[...] o sentimento difuso da própria corporeidade é constante e convive, no interior da vida psicológica, com a percepção do meio físico ou social que circunda o sujeito"; além disso, "[...] esse presente *contínuo* se manifesta, na maioria das vezes, por movimentos que definem ações e reações do corpo sobre seu ambiente" (p. 6).

Para o filósofo Ernst Cassirer (1944), Bergson deu sua contribuição à Psicologia ao atacar as teorias mecânicas da memória, meramente quantitativas, para mostrá-la como um fenômeno muito mais complexo e profundo: ela seria uma *internalização* e uma *intensificação* e significaria a interpenetração de todos os elementos de nossa vida passada. Esta ideia representou um novo ponto de partida metafísico, que se tornou uma espécie de norte para seu pensamento filosófico.

Bergson distinguia dois tipos de memória: a *memória-hábito*, que apenas repete e presentifica o efeito prático de experiências passadas, e a *memória-recordação*, que reproduz o passado e permite revivê-lo. Esta segunda seria a verdadeira memória, por recuperar o próprio passado sem intenção utilitária. A memória-hábito seria um processo necessário à socialização, adquirida por meio do esforço ou da repetição dos gestos e das palavras. A memória-recordação, ao contrário, não teria o caráter mecânico, mas sim evocativo, trazendo à lembrança um momento único da vida.

A lembrança é a sobrevivência do passado, que se conserva no espírito de cada ser humano e pode aflorar em sua consciência. Existe aí um confronto entre a subjetividade pura (o espírito) e a pura exterioridade (a matéria): o esforço de Bergson deu-se no sentido de conceder à memória um estatuto diferente do da percepção. Para ele, a memória era essencialmente a conservação do passado, que sobreviveria em estado inconsciente até que fosse evocado pela recordação.

A ênfase dada por Bergson à pureza que a memória comporta veio a ser, mais tarde, o ponto central do questionamento de sua teoria feito por Maurice Halbwachs (1925 e 1950), que tratou da *memória coletiva* por meio do estudo das relações entre *memória* e *história pública*. Para ele, faltava em Bergson um tratamento da memória como fenômeno social, pois não havia em sua obra uma abordagem dos nexos entre o sujeito que lembra e a coisa lembrada e nem dos nexos interpessoais. Segundo Meihy (1994),

> A memória coletiva, como propõe Halbwachs, remete ao tratamento de uma identidade coletiva das lembranças e dos ideais guardados por um grupo. Memória coletiva é algo subjetivo e implica compromissos fiados ao longo de um passado comum e que persiste independentemente de registros

> escritos, de momentos ou qualquer outra referenciação objetiva, material (p. 58).

Maria Luisa Schmidt e Miguel Mahfoud (1993), por sua vez, assim resumem o conceito de *memória coletiva* cunhado por Halbwachs:

> A memória coletiva, propriamente dita, é o trabalho que um determinado grupo social realiza, articulando e localizando as lembranças em quadros sociais comuns. O resultado deste trabalho é uma espécie de acervo de lembranças compartilhadas que são o conteúdo da memória coletiva (p. 291).

O estudo de Halbwachs, ao contrário do de Bergson, não teve por objeto a memória propriamente dita, mas aquilo que chamou de *quadros sociais da memória*. O sujeito que lembra está sempre inserido em um grupo de referência, sendo sua lembrança o resultado de um processo coletivo que se situa sempre em um contexto social determinado. Por um lado, o indivíduo se recorda de quando se coloca no ponto de vista de seu grupo; por outro lado, é a própria memória do grupo que se manifesta através das recordações individuais. Assim, indaga-se Halbwachs (1950):

> Mas podemos distinguir verdadeiramente de um lado uma memória sem quadros ou que disporia, para classificar

> suas lembranças, apenas de palavras da linguagem e de algumas noções tomadas de empréstimo da vida prática, e de outro lado um quadro histórico ou coletivo, sem memória, ou seja, que não seria de modo algum construído, reconstruído e conservado nas memórias individuais? Não cremos (p. 46).

Ao contrário do pensamento bergsoniano, a memória, para Halbwachs, não era simplesmente a *conservação* do passado, mas comportava em si uma dimensão de *reconstrução*. O passado não sobrevive em nosso espírito em estado de pureza *tal como foi*, mas, a cada vez que paramos para recordar, repensamos e reconstruímos nossa experiência com as imagens e as ideias de hoje. No plano social, a memória coletiva toma o grupo e as instituições como instrumentos para recompor uma determinada ideia do passado que esteja em consonância com os pensamentos dominantes da sociedade.

Foi a partir desta forma de compreensão da natureza e do valor da recordação que tomei os depoimentos dos entrevistados sobre o Teatro Amazonas. Meu objetivo mais amplo foi o de esboçar uma espécie de "teoria" acerca do papel do Teatro Amazonas enquanto elemento que toma parte no conjunto de fatores que concorrem para a produção das subjetividades dentro da circunscrição de uma cidade. Para essa empreitada, o material obtido proveio da recordação e da narrativa de pessoas que pertencem à comunidade de Manaus, material cuja fonte privilegiada é a escuta da experiência de vida de cada um, captada pelo instrumento adequado a isso, que é a *entrevista*.

É evidente que, ao escolher essa forma de captação do material, eu supunha não estar coletando os chamados dados "objetivos", como aqueles adequados à historiografia clássica. Visava, sim, recolher a experiência de vida do narrador, aí recortando a presença do Teatro Amazonas em cada existência singular, para, em seguida, deduzir sua presença na memória coletiva. Nossos dados, portanto, não devem ser lidos simplesmente como *informação*, mas como *narrativa*. É verdade que a tradição *narrativa* enfraqueceu-se com a concorrência cada vez maior da *informação* na sociedade de massas, que, com o advento da Modernidade e, mais ainda, da Pós-modernidade, veio a prevalecer. Segundo Walter Benjamin (1936b),

> Raras vezes dá-se conta de que a relação ingênua entre ouvinte e narrador é dominada pelo interesse em reter a coisa narrada. O ponto-chave para o ouvinte desarmado é garantir a possibilidade da reprodução. A memória é a capacidade épica por excelência. Só graças a uma memória abrangente pode a épica, por um lado, apropriar-se do curso das coisas e, por outro, fazer as pazes com o desaparecimento delas – com o poder da morte (p. 66).

Ainda segundo Benjamin, o estilo de vida moderno acarretou uma "atrofia da experiência", com as novas formas de comunicação e as novas relações que o homem estabeleceu com o tempo e o espaço nas grandes metrópoles. De acordo com Schmidt (1987),

> O homem tradicional cede lugar ao homem moderno inserido no universo da técnica, massificado no transcorrer do desenvolvimento industrial. Isolado, desenraizado, este homem caminha apressadamente no fluxo da multidão. A imagem do homem-autômato das grandes cidades é a imagem do homem que perdeu os laços com a elaboração e a transmissão da experiência. A imagem do mundo moderno é a de um mundo que já não oferece condições para a elaboração e a transmissão da experiência (p. 10).

Benjamin (1936a), no artigo sobre Baudelaire, tratou do *flâneur* que transitava entre a multidão, esta massa criada pelas condições sociais que surgiram com o avanço tecnológico da Modernidade; ele era o escritor em cuja alma sobrevivia o narrador, mas que fazia o luto pela perda das condições tradicionais da narrativa.

No domínio da *informação*, como pensava Benjamin, não haveria espaço para a experiência. A *narrativa*, processo que sedimenta a experiência no interior de um grupo, necessita de um tempo lento, incompatível com o ritmo intenso das formas modernas de comunicação. Assim, as pessoas se veem progressivamente privadas da verdadeira troca de experiências. Essa troca, resultante do vínculo social, é fundamental para os atos de linguagem pertinentes ao saber veiculado pela narrativa, pois eles não são efetuados somente pelo interlocutor, mas também pelo ouvinte e, ainda, pelo terceiro de quem se fala. De acordo com Jean-François Lyotard (1986),

> A tradição dos relatos é ao mesmo tempo a dos critérios que definem uma tríplice competência – saber-dizer, saber-ouvir e saber-fazer – em que se exercem as relações da comunidade consigo mesma e com o que a cerca. O que se transmite com os relatos é o grupo de regras pragmáticas que constitui o vínculo social (p. 40).

Mesmo ciente das dificuldades impostas pelo modo de vida da sociedade de massas contemporânea, creio ser possível e frutífero buscar uma abordagem da memória e de seus quadros sociais pela via da narrativa, que sobrevive teimosamente como a planta que insiste em crescer em terreno adverso.

Assim, levando em conta os pressupostos sobre o caráter da memória e o significado da narrativa que acabo de expor, adotei nesta tarefa de recolher depoimentos sobre o Teatro Amazonas o chamado método do *relato oral*, que hoje em dia vem sendo utilizado nas áreas da História (Meihy, 1991), das Ciências Sociais em geral (Demartini, 1992 e 1994) e da Psicologia Social (Bosi, 1979; Schmidt, 1987 e 1995). Como assinala Maria Isaura Pereira de Queiroz (1987), este método foi, através dos séculos, a maior fonte de conservação e difusão do saber, permitindo às pessoas constituírem elos com o passado mais arcaico (que pode ser até mesmo mitológico), com o passado recente e com a experiência do dia a dia. No entanto, após um certo período de ostracismo nas ciências humanas, a adoção do relato oral fez seu reaparecimento como a técnica que, por excelência, poderia significar uma contraposição às técnicas quantitativas, que reduziam a realidade social à aridez dos números e pareciam querer destituí-la de seus significados.

Adotando, pois, esta perspectiva, não tive nenhum propósito de proceder por amostragem, no sentido estatístico que se dá ao termo. Na escolha dos entrevistados, meu objetivo central foi o de conversar com pessoas que se identificam como legítimos membros da comunidade manauara, habitando-a ou não no momento da entrevista. O que importava era o fato de que essas pessoas tivessem vivido uma boa parte de sua vida em Manaus e, mais do que isso, conhecessem a cidade, suas histórias e seus habitantes, e com ela se identificassem. Portanto, a única exigência levada em conta foi a de que tivessem, do ponto de vista da própria experiência de vida, algo significativo para narrar sobre seu contato com o Teatro Amazonas e que estivessem dispostos a fazê-lo de bom grado. Como não se tratou de uma "pesquisa por amostragem", privilegiei, na seleção dos cinco depoimentos escolhidos, sua qualidade e sua riqueza.

Posso dizer que, *grosso modo*, fui guiado pelo princípio da *amostra qualificada* proposto por Michel Thiollent (1986), para quem esta "amostra intencional", usada em pesquisas nas ciências sociais, deve compor-se de

> [...] um pequeno número de pessoas que são escolhidas intencionalmente em função da relevância que elas apresentam em relação a um determinado assunto. Pessoas e grupos são escolhidos em função de sua representatividade social dentro da situação considerada (p. 62).

O que fiz, na prática, foi estabelecer uma conversa na qual a coleta da história e a reflexão caminhavam juntas. Zélia Demartini (1992), ao explicitar o procedimento que costuma adotar em sua pesquisa, mostra como a reflexão que vai se fazendo durante a escuta acaba por subsidiar a própria coleta que, assim, vai se alterando durante o trabalho de campo. Segundo Ecléa Bosi (1993),

> Em termos acadêmicos de técnica de pesquisa, na verdade se combinam bem os procedimentos de *história de vida* e *perguntas exploratórias* desde que deixem ao recordador a liberdade de encadear e compor, a sua vontade, os momentos de seu passado (p. 283).

O tipo de material obtido quando escutamos um relato de vida não se encontra, normalmente, documentado de nenhuma outra forma, sendo a memória e a tradição narrativa coletivas o único campo onde poderíamos encontrá-lo. O que os relatos orais nos trazem de substancial é, como já disse de outro modo, o *impacto subjetivo* do contato com o Teatro Amazonas, materializado nas histórias de que cada um se lembra sobre o Teatro, tanto aquelas de sua vivência pessoal como as que reproduzam os casos que ouviram. Fica claro, portanto, que, ao ler estas narrativas, não nos deparamos com um conjunto de informações homogêneas que permitam fazer uma historiografia neutra e fria. Ao contrário, temos a clareza de que estamos diante de narrativas que condensam ideias instituídas – mais ou menos racionalizadas –, *insights*, achados da memória involuntária, produções da imaginação etc. Cada um destes diferentes registros, de acordo com Schmidt (1987), "[...] remete a momentos e modos diversos de elaboração do conhecimento de si e da realidade vivida" (p. 74). O que recolhemos foram, assim, fragmentos da experiência do narrador em seu contato com o Teatro Amazonas em todos os seus sentidos: como um lugar da cidade, uma construção, um monumento, um objeto histórico ou estético, um símbolo urbano, um polo de irradiação cultural ou, ainda, qualquer outro sentido subjetivo e individual que ele venha a ter. De acordo com Queiroz (1987),

> A história oral pode captar a experiência efetiva dos narradores, mas também recolhe destas tradições e mitos, narrativas de ficção, crenças existentes no grupo, assim como relatos que contadores de histórias, poetas, cantadores inventam num momento dado. Na verdade tudo quanto se narra oralmente é história, seja a história de alguém, seja a história de um grupo, seja a história real, seja ela mística (p. 275).

Para finalizar, reitero que meu empenho não visou à reconstituição precisa de uma história objetiva, mas sim à captação do imaginário popular urbano. Não se tratou, em definitivo, de um trabalho de historiografia. Neste sentido, creio ter seguido o caminho indicado por Ecléa Bosi (1979), já que pouco importa se os fatos narrados correspondem a uma "verdade" concreta ou à imaginação do narrador. Vale citar aqui a opinião de Franco Cardini (1993) sobre essa questão:

> De modo paradoxal, a "verdade" mental será aquela mentira, a "realidade" social será constituída por aquele erro. [...] Um erro compartilhado universalmente constitui-se em si mesmo numa realidade histórica: os deuses existem e os mitos são reais enquanto numa sociedade seus membros continuam a ter fé indubitavelmente neles num grau e numa intensidade consideravelmente comuns e compartilhados (p. 326).

2.

Depoimentos

Aurélio Michiles[1]

Eu nasci em Manaus. Minha geração é a dos anos 1950. Para um amazonense de minha geração, falar do Teatro Amazonas é falar da própria vida... O Teatro Amazonas, para mim, é uma extensão de meu inconsciente, de meu corpo. É como se fosse uma pele. É a pele mais cara, a mais fina. É a sintonia fina. Eu diria que é uma pele que me realça, que me forma, que me transmuta e que me fez ser o que eu sou. Eu diria, com toda a certeza, que todo o envolvimento que tenho com a arte e com a cultura e minha opção por fazer as coisas que eu faço vêm de uma intrínseca paixão que tenho pelo Teatro Amazonas. E, quando digo isso, estou falando também em nome dos milhares, milhões de amazonenses que têm essa mesma paixão.

Eu diria até que o Teatro Amazonas nem mesmo pertence aos amazonenses: ele pertence ao mundo, como a Torre

[1] Cineasta e documentarista, contava com 40 anos na ocasião da entrevista.

Eiffel, o Cristo Redentor, o Himalaia, o Everest, a Estátua da Liberdade. Mas poucas cidades do mundo têm como referência e como cartão-postal um teatro! Um teatro de cultura, irradiador de cultura, irradiador daquilo que os seres humanos mais preservam em sua evolutiva trajetória. Para a Amazônia, o Teatro Amazonas é isso: essa referência muito poderosa...

Acho que a visão mais cara e mais profunda da arte, para mim, é o Teatro Amazonas, porque eu o via com meus olhos, com meus pés... Lá eu aprendi a andar de bicicleta, lá eu dei meu primeiro beijo; eu e um bando de garotos de minha idade invadíamos o Teatro Amazonas, nos escondíamos dentro da cúpula, e lá ficávamos imaginando coisas: os fantasmas, as divas, as cantoras...

Minha época foi de uma decadência total... Em Manaus, para minha geração, que é a do início dos anos 1960, havia aquelas casas fantásticas, maravilhosas. Elas tinham o estilo da passagem do século, que mistura o *art nouveau* com o neoclássico. Aquelas casas maravilhosas estavam apodrecendo, literalmente, mas inteiras, como se seus donos as tivessem abandonado, sem nem sequer passarem a chave, e tivessem tomado o primeiro navio na crise da borracha... Havia aquelas árvores, salões... As torneiras de prata ainda estavam lá... Era impressionante, os afrescos sendo comidos...

Eu vejo o Fellini... Tenho uma identificação muito grande com a memória dele, porque ele é aquilo que eu vivia em Manaus... Tanto que, quando eu comecei a me interessar por cinema e frequentava o cineclube lá em Manaus, eu adorava o Fellini. E aí, quando eu falava do Fellini, o pessoal do cinema – que era bem mais velho do que eu, composto por pessoas adultas, de esquerda, que eram do cineclube, tinham o dobro ou até mesmo o triplo de minha idade – dizia: "Mas como? O Fellini?" Ninguém gostava do Fellini... E eu não entendia por que, pois eu achava maravilhoso tudo o que eu tinha visto dele. Gostava especialmente de um filme, que se chamava *I vitelloni*. Eu o achava bárbaro! E as pessoas me criticavam...

Eu me lembro muito daquele ambiente de Manaus. Para mim, havia duas possibilidades de vida dentro de Manaus, como amazonense. Uma: ir ao porto, pegar um navio e ir embora. Outra: ir ao Teatro e viajar na fantasia. Eu passei grande parte de minha vida dentro do Teatro Amazonas ou em torno dele. E sempre pensando... O Teatro Amazonas quase que me ensina não só a arte, mas a geografia do mundo, porque lá eu conheci, por exemplo, turistas neozelandeses... Eu lembro que encontrei umas turistas, duas mulheres, na época, para mim, belíssimas, porque eram aquelas mulheres brancas, louras, de olhos azuis, ali, naquela Manaus *caliente*, se derretendo de calor... E aquelas mulheres ali, também olhando para mim... Geralmente, as pessoas vinham conversar comigo, eu estava ali fazendo qualquer coisa...

Enfim, eu gostava de estar ali, com um livro, com uma bola de futebol. À medida que eu ia crescendo, ia trocando os objetos em minha mão. No princípio, eu jogava futebol em frente ao Teatro Amazonas. Depois, ganhei uma máquina fotográfica e passei a fotografar de tudo quanto era jeito: tirava fotos minhas, de minhas amigas, de minhas namoradas, de meus colegas. Depois íamos vagabundear por lá, ou flagrar alguém que tinha uma amante e que ia lá namorar no lusco-fusco do entardecer. Enfim, o Teatro Amazonas tinha esse sabor do proibido, da conquista, da descoberta. Era sempre um rito de passagem.

Eu acho que é um rito de passagem porque, imaginando a floresta e vendo aquela arquitetura, aquele prédio rompe com o selvagem, impõe-se diante do selvagem. O Teatro Amazonas se incorpora na paisagem da floresta amazônica. Hoje, não há como imaginar a floresta amazônica sem o Teatro Amazonas. São coisas que fazem uma fusão... É como se fosse Machu Picchu e a floresta. O Teatro Amazonas é o Eldorado, o verdadeiro templo de Eldorado.

Na Amazônia, como na cultura indígena da Amazônia – eu diria que pelas próprias condições climáticas –, tudo é fortuito, precário. Mas não é precário por ser pobre, miserável, e sim porque lá tudo tem de passar. O que resta da arte e da cultura no Amazonas tem de ser desidratado para sobreviver. Então, o guaraná, a farinha, o peixe, o moqueado, tudo lá é desidratado... A luta do homem lá é contra a umidade... Então, o que é que acontece? O que sobra da vida é o crânio e a arcada dentária. Tudo é efêmero... A beleza, a beleza do homem sobre a natureza, que é a pintura corporal, que são os adornos de pena, de palha, isso é efêmero, apodrece num instante, dura uma festa, uma temporada.

O Teatro sobreviveu. E quase que não sobrevive, apesar das ameaças. Porque, no vendaval estético, político e econômico da ditadura militar, nos anos 1970, um coronel destruiu Manaus! Um baiano, que era uma pessoa que não tinha nada, um torturador que foi para lá para caçar uns jovens que queriam fazer guerrilha, que fizeram guerrilha e foram massacrados... Esse líder dos militares, que morreu recentemente, chegou a ser prefeito de Manaus. Era tido como uma pessoa dinâmica. Ele destruiu Manaus completamente, acabou com Manaus. Destruiu completamente aquela atmosfera urbana e arquitetônica que veio da passagem do século e durou até a Primeira Guerra Mundial. Ele acabou com a *Via Aquarium*, que é o Zoológico, acabou com os parques públicos onde havia banhos de rio, piscinas de água natural. Ele mandou derrubar os bancos, construiu prédios... E uma de suas ideias era a de fazer um estacionamento no Teatro Amazonas, pois ele não via utilidade nenhuma ali naquele Teatro, ele achava um esbanjamento, um arroubo. O Teatro ficou um tempo sem atividade cultural. Ficou abandonado, sobretudo na ditadura.

O Teatro Amazonas, na verdade, surgiu como um dos negócios – negociatas – que eram forjados nos gabinetes de arquitetura de Portugal, no Império. Foi assim que fizeram o Teatro da Paz, no Pará, e muitos outros... O Teatro Amazonas foi inaugurado em 1896, e levou dezessete anos para ser construído. Mas por que isso? Porque, na verdade, não se queria acabar! Havia famílias da oligarquia manauara, amazonense, que se revezavam nos negócios dos empreiteiros do Teatro, e a obra não acabava. O Teatro era diferente... Havia uma visão-padrão, igual ao Teatro da Paz. Em cima, onde está a cúpula, deveria haver a estátua de Apolo. Mas o que aconteceu nesses dezessete anos? Aconteceu um fato, o que é preponderante, fundamental na história do Amazonas, talvez o momento mais revolucionário na história do Amazonas, que é a queda da Monarquia e a ascensão da República, que coloca como primeiro governador um jovem – um tenente-coronel, engenheiro-arquiteto, professor de matemática da Escola Militar da Praia Vermelha, do Rio de Janeiro – que era influenciado pelas ideias positivistas. Era um militante positivista, que, inclusive, escrevia num jornal chamado *O Pensador*, e por isso foi exilado no Amazonas; era negro, maranhense. Então, lá ele se envolveu e se tornou governador, e a primeira coisa que fez foi rever os contratos. E suspendeu todos... Ele começou, então, a fazer um projeto de saneamento da economia do Amazonas. Ele fez um projeto de escolas – que até hoje são as escolas mais interessantes do Amazonas – que se estendeu por todo o estado. Nessa época, em que tomou a construção do Teatro a seu encargo, ele foi visitar uma feira internacional em Paris, a feira de mil oitocentos e oitenta e poucos... Foi a feira que inaugurou a Torre Eiffel, que é a exaltação do ferro, da arquitetura do ferro, deixando de lado os tijolos, deixando de lado a pedra... E no

Amazonas é dificílimo achar pedra; são poucos os lugares onde há pedra, só no Alto Rio Negro... Então, ele se apaixonou por essa capacidade visionária de Eiffel e resolveu fazer de Manaus uma Paris dos trópicos. Assim, ele contratou urbanistas, arquitetos, artistas... Abriu uma licitação e publicou em todos os jornais do mundo, para atrair artistas que quisessem vir para Manaus. Ele pagava a passagem, dava hospedagem, enfim, incentivava a vinda deles. Com isso, ele fez não só o Teatro Amazonas, mas projetou um triângulo de poder que calçava o positivismo, que são os Três Poderes: Teatro Amazonas, o Palácio da Justiça – que ele mandou construir em frente ao Teatro, e que está lá até hoje – e, mais adiante, fechando o vértice do terceiro poder, o Palácio do Governo, que não foi construído, mas apenas iniciado. O projeto é belíssimo, está até hoje na Biblioteca de Manaus, arquivado. As ruas eram largas, já prevendo o automóvel. Ele mandou também instalar esgoto, água encanada, telefonia, luz elétrica... Quer dizer, o único projeto urbanístico de Manaus, até hoje, ainda é dessa época! Foi este projeto do Eduardo Ribeiro[2]!

Manaus foi umas das primeiras cidades do Brasil a se urbanizar. Isto está, inclusive, no terceiro volume de

---

2 Nascido no Maranhão em 1862, fez carreira política em Manaus. Ativista do movimento republicano, editor do jornal O *Pensador* e governador do Amazonas, foi quem deu início à construção do Teatro Amazonas. Político controverso, foi encontrado enforcado em sua chácara, nas proximidades de Manaus, em 1900, época em que era presidente da Assembleia Legislativa. O caso foi dado oficialmente como suidício, embora tenha ficado no ar a suspeita de envenenamento.

História da vida privada no Brasil, em um capítulo que fala dos cartões-postais, que eram uma coisa chique. E havia, naquele momento, uma grande quantidade de cartões-postais de Manaus. Esse personagem genial, o Eduardo Ribeiro, negro, maranhense, colocou em cima do Teatro Amazonas uma cúpula verde-amarela, que é a bandeira do Brasil[3]! É uma homenagem feita à República, é o Teatro Amazonas! De todos os pontos de vista da cidade de Manaus, até hoje, vê-se a cúpula do Teatro, a bandeira do Brasil hasteada 24 horas por dia! É essa a força do Eduardo Ribeiro, que fez uma alegoria fundamental para o Brasil, e não só para o Brasil republicano. Ele mandou fazer afrescos com *Peri e Ceci*, algo que se ligava ao Brasil mais fundamental... Toda essa parte de acabamentos do Teatro é obra do Eduardo Ribeiro. Quer dizer, ele não conseguiu mudar o Teatro Amazonas, pois as estruturas já estavam erguidas. Mas o que pôde mudar, ele mudou. Mudou por dentro, o chão, o salão nobre. Cada pedaço de madeira é de uma madeira da Amazônia. Ele teve esse cuidado. Ele pode ser comparado a Villa-Lobos.

O Teatro Amazonas tem essa simbologia que as pessoas nem sempre conhecem. Quando inaugurado, estava situado dentro de uma floresta alagada, porque as ruas eram igarapés que foram aterrados. Todas as varandas do Teatro davam de frente

3 A cúpula do Teatro Amazonas possui 36 mil peças de escamas em cerâmica esmaltada e telhas vitrificadas, importadas da Alsácia. Sua pintura original, feita por Lourenço Machado, continha as cores verde, azul e amarelo, numa referência à bandeira brasileira.

para o rio... Hoje em dia, já não se percebe mais isso. A própria praça foi projetada por Domenico de Angelis[4], um grande artista italiano da passagem do século. Aquela praça, que tem um chão que é Copacabana hoje, foi obra do De Angelis, que fez aquilo para simbolizar o encontro das águas do Solimões com o Rio Negro. Pereira Passos[5], depois, utilizou-se disso para urbanizar o Rio de Janeiro.

Eu sempre vi a cúpula do Teatro como um peito, como aquele seio das amazonas... Porque elas decepavam um peito, e eu sempre achei que a cúpula fosse o peito das amazonas que tinha sido decepado, que estava ali para ser mamado, coletivamente!

Esse Eduardo Ribeiro era uma dessas figuras extraordinárias! Nem sempre a pessoa que realiza coisas importantes para um lugar é nativa dali. Muita gente que é da terra fez muito mal ao Amazonas, mais do que o bem que o Eduardo Ribeiro fez. E ele foi sacrificado por isso! Ele ergueu aquela cúpula com a bandeira republicana brasileira – *Ordem e Progresso* – no sentido pleno do positivismo, não no sentido de *Ordem e Progresso* militar, implantada na ditadura.

4 Artista italiano (1852-1900) nascido em Roma, atuou na reforma da catedral de Belém do Pará e no Teatro da Paz, na mesma cidade. Em 1886, trabalhou na Igreja de São Sebastião, em Manaus, e, posteriormente, executou as obras da Sala de Espetáculos e do Salão Nobre do Teatro Amazonas.

5 Engenheiro fluminense (1836-1913), foi prefeito do Rio de Janeiro entre 1902 e 1906. Tendo assistido à reforma urbana promovida por Haussmann em Paris, onde estudava, nela se inspirou para realizar a grande modernização do Centro do Rio de Janeiro, implantando as grandes avenidas, a canalização de rios e outras medidas sanitárias.

Os monarquistas foram detratores do Eduardo Ribeiro, por ser ele negro e homossexual. Ele acabou sendo assassinado, e sua casa, transformada no hospício de Manaus, que ali funciona até hoje! Disseram que ele se matou porque era louco, e fizeram da casa dele o hospício municipal.

Quando eu estudava, ninguém na escola falava que ele era preto! Falavam que ele tinha se matado. E crescíamos ouvindo falarem do mau gosto do Teatro! O Teatro do mau gosto, aquela cúpula! E eu não sabia por quê... Eu gostava tanto do Teatro, ele me chamava tanto a atenção!

Resolvi estudar arquitetura movido por duas coisas fundamentais. A primeira era que meu avô foi o mestre de obras mais importante da cidade de minha família, que é Maués. Ele construiu todos os prédios e a maioria das casas da época em que ele viveu lá em Maués. Então, meus pais sempre quiseram que um dos filhos fosse o mestre de obras com diploma, ou seja, arquiteto. A segunda era que eu queria sair de Manaus para fazer cinema. Mas, se eu dissesse a meu pai que eu queria fazer cinema, ele diria que isso era coisa de veado ou de milionário! Então, o que é que aconteceu? Uma das únicas coisas que não havia em Manaus era arquitetura, e eu fui estudar arquitetura em Brasília. Enfim, estes foram os motivos. Mas foi também porque eu era apaixonado pelo Teatro Amazonas, mobilizado por esse monumento. À medida que fui crescendo, o Teatro Amazonas foi ocupando camadas. Era como uma camada fina do corpo se depurando, se trabalhando. Era uma casca grossa, depois foi mudando até virar um linho colorido, que é o Teatro Amazonas! O Teatro é uma grande referência... Meu primeiro trabalho, feito para a TV Cultura de Manaus, se chamava *Via Láctea dialética do Terceiro Mundo para o Terceiro Milênio.* Nele, eu fiz os índios invadirem e queimarem o Teatro Amazonas com uma nota de um cruzeiro! Aquela do Tamandaré...

O que é interessante em toda essa história é que o Teatro Amazonas sobrevive. Na Segunda Guerra Mundial, houve um fato interessante: os americanos ocuparam a Amazônia porque precisaram da borracha, já que o Sudeste Asiático estava ocupado pelo Eixo. Então, a única borracha disponível para fazer movimentar toda a máquina de guerra, os pneus, os hospitais, era a da Amazônia. Assim, foram levados para a mata mais de 50 mil ou 100 mil nordestinos, de novo, para tirar borracha. Como fala Darcy Ribeiro[6], em um depoimento que gravou para mim, uma das passagens esquecidas da Segunda Guerra Mundial é a dos nordestinos tirando borracha. Segundo ele, morreram 50 mil nordestinos! Como eles tinham que armazenar a borracha, que era considerada um bem de segurança nacional, usaram o Teatro Amazonas como depósito. Então, encheram o Teatro de borracha! O Teatro, que foi produto da borracha, acabou

[6] Antropólogo, professor, escritor e polítco mineiro (1922-1997); autor do livro *Maíra*, entre outros, pioneiro da Universidade de Brasília, ministro do governo João Goulart, senador e vice-governador do Rio de Janeiro.

se transformando num depósito de borracha para a máquina da guerra funcionar!

O Teatro tem essas coisas interessantes! Há fantasmas no Teatro, há mitos de coisas que nunca aconteceram, mas que as pessoas desejam que tivessem acontecido. Caruso cantou no Teatro Amazonas! Sarah Bernhardt! Dizem que ela levou um tombo e quebrou a perna... Anna Pavlova dançou... Falava-se muito de todas essas histórias, mas era tudo mentira! Eu acho que era o desejo...

Eu não sei se o povo, hoje em dia, se identifica com o Teatro Amazonas. O Teatro Amazonas sempre foi uma espécie de passaporte para nos tornarmos civilizados! Para entrar no Teatro é necessário ser alguém civilizado! Um índio jamais entraria. Sempre houve essa fronteira social, essa fronteira cultural. Uma noitada no Teatro exigia uma renda considerável, vestidos, joias...

Em meu filme sobre o Silvino [Santos][7], coloquei um monte de gente falando no saguão do Teatro. Na maioria dos documentários que eu tenho feito sobre a Amazônia, sempre ponho o Teatro Amazonas no meio... Porque eu não vejo como falar da Amazônia sem falar do Teatro Amazonas. Nesse filme aí [*O cineasta da selva*, 1997] eu estava zangado, chateado com a forma como estava sendo maltratada toda uma parte da memória da Amazônia. Eu fiz os índios

[7] Fotógrafo e cinegrafista português (1886-1970), radicou-se ainda jovem na Amazônia; em parceria com Agesilau Araújo, realizou, em 1921, o clássico documentário *No Paiz das Amazonas*.

invadirem e tocarem fogo, praticamente com uma nota de um cruzeiro! E foi um escândalo em Manaus, na época. Aí eu fiz um gênio, um índio-gênio com uma lamparina sair da cúpula! E assim por diante... Depois, no filme *A árvore da fortuna* [1992], parte da história é o Teatro Amazonas...

O Silvino é produto desse caldo! Não do caldo sujo! O Márcio Souza[8] fala que o único personagem interessante da borracha que restou é o Silvino Santos, que teve a capacidade, o talento – muitos dizem que foi servilismo – de registrar o dia a dia de uma família rica da época. Ele fez isso com os Araújo, uma família de classe média cujos ancestrais estão aí nos filmes!

O teto do salão nobre do Teatro é uma homenagem às artes, do ponto de vista positivista. Então, eu quis colocar aquelas figuras, personagens fundamentais da redescoberta do Silvino, ali, sentados naquele ambiente cultural que tem O *Guarani* no fundo. Aquilo ali é o "templo das artes"! Foi, inclusive, o segundo lugar do Brasil onde se projetou um filme de cinema. Foi no Teatro Amazonas! O Teatro Amazonas passava cinema com um projetor a carvão. Hoje, a sociedade de pesquisadores de cinema afirma que, em primeiro lugar, foi na Rua do Ouvidor [no Rio de Janeiro], em 1896, em outubro ou julho. E, em maio ou abril de 1897, passou em Manaus. O segundo lugar do Brasil onde se passou cinema! O filme *Viagem à lua* [1902], de Méliès,

8 Escritor amazonense nascido em 1946, é autor do livro *Galvez, Imperador do Acre* (1976), entre outros.

foi lançado no Amazonas no mesmo ano em que foi lançado em Paris!

O Teatro Amazonas tem apenas 600 lugares, o que significa que era para uso de uma elite, mesmo! Eu morava em uma rua próxima ao Teatro. Ali, eu andava de bicicleta, brincava na praça, jogava bola... Uma vez eu vi uma tia beijando um cara...

Há uma história fantástica, que eu sempre ouvi contar, desde garoto... Infelizmente, a pessoa que me contou já morreu. Era o melhor amigo de meu pai, um homem importante do Amazonas; chamava-se Dr. Geraldo de Macedo Pinheiro[9]. Ele se correspondeu até morrer com Lévi-Strauss. Ele pertencia a uma família de intelectuais. Enfim, o "Doutor", como nós o chamávamos, me contou uma história muito interessante, que é a de um músico austríaco, pianista, que foi tocar no Amazonas, no final dos anos 1910, depois da Primeira Guerra Mundial. Ele apareceu lá para dar um recital de piano e se apaixonou por um mordomo do Teatro Amazonas que era um índio. E a cena era o empresário enlouquecido correndo atrás dele, no barco, e ele indo morar na tribo com o índio! É uma história famosa...

O Teatro Amazonas é maravilhoso... Ali eu vi a Glauce Rocha, o Paulo Autran... A primeira entrevista que eu fiz

9 Erudito amazonense, falecido em 1996, foi um estudioso das culturas indígenas; correspondeu-se com muitos cientistas e antropólogos, entre eles Lévi-Strauss e Roger Bastide.

em minha vida, quando trabalhava num jornal em Manaus, foi com o Paulo Autran, que estava com uma peça lá.

O primeiro espetáculo que eu vi no Teatro acho que era um *Auto de Natal*, em que havia um diabo correndo; tocava aquela música "O voo do besouro", de Rimsky-Korsacov. Eu fiquei tão impressionado com o diabo correndo no palco! Eu devia ter uns cinco anos de idade... Na verdade, o Teatro Amazonas nunca ficou desativado. Quando se fala que foi desativado, é que as coisas não aconteciam em proporções de um agito mais globalizante, na palavra da moda. Mas o Teatro Amazonas sempre esteve ali, na proporção das aspirações provincianas: formatura das alunas de Educação Física, dos alunos de Veterinária, da Escola Normal, que fica ali perto... A Escola Normal funciona onde deveria existir o Palácio do Governo, não acabado, um projeto maravilhoso, moderno: os carros passam por baixo dele. Hoje, atrás desse prédio, há um buraco...

Luís Carlos Sampaio (Lula)[10]

Nasci em Belém do Pará. Saí de lá com dois meses de idade e, durante minha infância, vivi no Nordeste, em Fortaleza. Cursei a universidade em São Paulo, e depois me apaixonei pela fotografia. Como minha família morava

10 Fotógrafo, contava com 37 anos na ocasião da entrevista.

em Manaus nessa época, acabei me mudando para lá, onde estou até hoje, muito bem por sinal...

São dezesseis anos lá, sendo que, desde quando cheguei a Manaus, eu já fotografava... Eu comecei filmando com uma Super-8 (uma Canon® 814). Depois, desisti de filmar e passei somente a fotografar a selva. De preferência a selva. Mas a arquitetura de Manaus está sendo valorizada a partir de agora, desses novos governos, que têm a perspectiva do turismo e valorizam mais a estrutura arquitetônica do estado, desenvolvendo reformas nos prédios mais antigos, que não são muitos... Mas os poucos que existem, se forem reformados como estão sendo, ficarão muito bons, muito bonitos...

Por incrível que pareça, tudo que está fora se reforma mais rápido, mas internamente não se reforma com tanta frequência. O pessoal dá mais valor à arquitetura externa...

A ideia de fotografar as escadas de Manaus surgiu quando o Marcelo Khans estava lá, procurando uma matéria amazônica para a revista *Casa & Jardim*... E eu lembrei que Manaus tinha uma coisa que ainda não havia sido explorada, que eram as escadarias. Eu já tinha exposto na própria Biblioteca Pública e achava fantástica aquela escadaria, do próprio Palácio Rio Negro. Pena que dessa vez não entrou o Teatro Amazonas...

O Teatro também tem umas escadas, mas elas já são muito conhecidas. Elas são muito abertas, muito largas, são escadarias bem amplas para o fluxo de gente que havia antigamente; era preciso ter bastante espaço para as pessoas andarem fluentemente por elas. Normalmente, usavam bastante o segundo piso do Teatro, que hoje em dia é pouco usado, onde ficam os camarotes, onde as pessoas andavam com aquelas roupas, para lá e para cá, e os funcionários de uniforme... E hoje não é mais assim! É uma escada enorme, de outro tempo...

O que é mais incrível sobre o Teatro é que, de qualquer lugar da cidade, de vários ambientes e lugares, é possível vê-lo! Eu costumo ficar procurando por ele, com um olhar diferente, dependendo do ponto de onde estou olhando. O Teatro é uma referência! Mas ele já tem passado despercebido pelas pessoas... O Teatro, em Manaus, é pouco procurado. Às vezes, para as pessoas de lá, ele já é praticamente uma coisa normal. Para mim, não: de cada ângulo que eu o vejo, eu me admiro novamente! Uma vez eu o fotografei de lá do Educandos (bairro da periferia de Manaus), o que é um contraste... O Educandos tem cem anos também, é um bairro da mesma idade do Teatro... E tem umas favelas supercoloridas, tem umas casas rosa-choque, outras azuis. Então, tomando as casas como primeiro plano, e o Teatro e a cidade de fundo, fica lindo... É o oposto; vê-se uma arquitetura que é um contraste... E isso existe muito em Manaus até hoje. Como fotógrafo, pode-se sempre procurar o Teatro, de alguma maneira, olhando através de algum casebre ou outra coisa.

Um outro olhar: para mim, aquilo ali era fantástico! Quando eu ia para lá de tarde – antes de colocarem uma grade naquele chafariz na frente do Teatro –, eu chegava próximo daquele chafariz e via o reflexo da cúpula do Teatro na água e ficava admirado. Havia dias em que a água estava limpinha, e então, de manhã cedo, aquilo era fantástico. Havia também os pombos naquela região. Às vezes, quando chove, formam-se algumas poças em volta, e o reflexo do Teatro também está sempre naquelas poças. Eu fico impressionado com o reflexo daquela cúpula!

E não fui eu quem fez aquela foto. Quando a Cláudia Jaguaribe[11] esteve lá, acho que em 1992 – ela foi lançar seu livro e eu lhe dei uma assistência –, eu lhe disse que uma das fotos mais incríveis do Teatro seria a daquele reflexo. Ela foi e fez duas fotos, uma do lado direito e outra do lado esquerdo, e montou aquilo no livro. Ficou um efeito muito bonito. Pena que não fui eu... Mas, de agora em diante, vou começar a botar matéria sobre Manaus em São Paulo.

O Educandos é um bairro pobre de Manaus, que já tem cem anos e ainda não ganhou uma documentação, uma exposição, um evento para comemorar este tempo de existência. Continuam vivendo sobre palafitas. Depois que fizeram a ponte – acho que a ponte Centro (Educandos foi construída há uns 25 anos) – foi que aumentou a infraestrutura e passaram a fazer casas de alvenaria. Mas até hoje se pode andar no meio daquelas palafitas, o que é algo que nos deixa encantados. Mas as pessoas que moram ali não veem o Teatro. Elas são

[11] Fotógrafa carioca nascida em 1955.

totalmente fechadas na visão... Não têm o mínimo interesse pelo Teatro, porque elas estão um pouco distantes. Veem a cidade, mas não veem o Teatro.

A cúpula do Teatro foi inspirada na bandeira. Tanto é que eu já fiz foto de cima dela, lateral... Mas sempre aquilo ali me descortina a bandeira do Brasil: o Teatro é a bandeira do Brasil, a cúpula é a bandeira do Brasil.

Ultimamente, apresentaram umas óperas impressionantes no Teatro Amazonas. Eu cheguei a frequentar, mas não vou lá com muita constância mesmo, porque eu acho que tem que haver algumas peças mais populares, alguma coisa que não seja tão importante, que custe um valor que o povo possa pagar. Ou, então, convidar pessoas que não cobrem um cachê tão alto. Poderia até ser patrocinado pelo estado. Tem que fazer uma coisa que seja destinada a estudantes. O Teatro teria que ser um lugar para a cultura popular, mas destinado a pessoas que tivessem um certo nível de estudo, como o pessoal da universidade. Deveriam distribuir convites para essas pessoas. O Teatro tem que ser valorizado. Aquelas cadeiras são preciosíssimas; não se pode permitir que roubem as placas, arranhem, risquem, rabisquem. As cadeiras são de veludo vermelho. Quando se entra lá, dá para ficar por muito tempo olhando as coisas. Aquela beleza, que é inédita mesmo! Onde está a beleza? Está no teto, está nas laterais, está atrás, está em tudo! Em qualquer lugar por onde entramos, ficamos cada vez mais fascinados.

Não era para haver nenhum prédio em Manaus. Na orla todinha, não era para haver nenhum prédio, porque a temperatura é muito alta. E construíram prédios ali no centro da cidade, o que acaba com nossa brisa e torna o ar abafado.

Recentemente houve um incêndio. A parte elétrica está abandonada, não é feita uma revisão da parte elétrica de nenhum edifício antigo. Quase que pega fogo no Centro de Manaus todo. Agora, recentemente, um prédio de quase cem anos pegou fogo. Eu assisti, presenciei, fui um dos únicos que presenciou a cena da queda de um prédio de quase cem anos! Imagina se uma catástrofe dessas acontece com o Teatro Amazonas!

O Teatro não pode ficar na mão de qualquer pessoa, porque ele é uma das peças principais do Brasil. Em minha opinião, depois do Cristo Redentor, a coisa que identifica mais o Brasil é o Teatro Amazonas. Eu acho que é um cartão-postal do Brasil. Deveria haver várias coisas iguais a essa no Brasil. Manaus tem o Teatro!

O que o faz ocupar esse papel de cartão-postal? É sua forma. A forma, a imensidão, a localização: é o centro da Amazônia! Eu penso que aquele ponto foi determinado como o centro da Amazônia! Só pode ter sido; não foi algo gratuito! Por que ele não foi construído na beira do rio, e sim colocado ali, a três quilômetros da margem?

Uma fotografia de Manaus sem o Teatro nem parece que é Manaus, porque parece uma cidade qualquer... Qualquer cidade pode ter a mesma iluminação, luz, raio... Mas quando aparece aquela cúpula do Teatro, aquela cúpula redonda, mesmo que ela não seja identificada com a bandeira – porque, por exemplo, na contraluz se tem aquela identificação da bandeira – tudo se torna muito particular. Aquela bola parece uma bola de futebol, e o brasileiro é apaixonado por futebol. Então, alguma coisa identifica Manaus pela cúpula. Tanto é que, nas fotos de Manaus tiradas de dentro do rio, estamos sempre procurando localizar o Teatro. É para identificar Manaus, senão pode ser qualquer lugar... Ele é de uma beleza muito rara, que não vai haver mais... Podem se passar 100, 200, 300, 400, 500 anos que no Brasil não vai haver uma obra igual ao Teatro Amazonas! Não vai haver! Quem é que vai construir?

O Teatro fica num local em que, se construírem prédios na frente, ele vai ficar tampado. Então, há que se pensar muito antes de colocar qualquer coisa em torno do Teatro! É uma obra que não terá similar por centenas de anos. Então, não deveria ser permitido construir nada em volta dele! E o pior é que estão tampando cada vez mais a vista do Teatro! E isso não pode acontecer.

Se uma foto de Manaus não tem o Teatro Amazonas, se não tem a Avenida Eduardo Ribeiro, não se reconhece a cidade. Recentemente, houve um concurso fotográfico cujo vencedor fotografou a Eduardo Ribeiro com uma lua de fundo. Então, deve haver a cúpula do Teatro também nessa foto! E a lua não nasce na Eduardo Ribeiro, ela devia estar ali no poente, de alguma maneira... Eu queria ver essa lua.

Existe um fato muito interessante: a cúpula do Teatro nunca foi reformada, porque não há acesso possível para ela. Eles têm medo de destruir aquilo, subir naquilo. Imagina limpar aquelas bandeiras... Nas fotos é possível verificar que existem algumas manchas, como se fossem de coisas bem antigas mesmo. Então se pode ver que nunca foi limpo. Quem é que vai ter coragem de limpar aquilo? Ninguém! No Brasil, ninguém! Seria necessário montar uma estrutura em volta com andaimes, de alto nível. E uma das coisas imprescindíveis para o Teatro é que aquela cúpula seja iluminada constantemente. Mas como é que ela vai ser iluminada constantemente? E o acesso a ela, que não existe? Ela tem, vamos dizer, a altura de uns dez a doze andares. Então, como é que se pode iluminar uma cúpula dessas, com focos de luz atravessando, de um lado a outro, uma distância de uns cem metros? O Taj Mahal está a uns quinhentos metros de distância. E há alguma lâmpada que ilumine aquela cúpula a quinhentos metros? Não há. Existe um fotógrafo francês chamado Leonide Principe[12], que disse que queria iluminar a cúpula através da antena do Teatro, e iluminar com algumas lâmpadas dicroicas. Eu acho meio complicado, não tem muito nexo! Porque vai ficar feio. A cúpula é uma bola. Como é que vai ser iluminada? Se colocarem uma luz do lado esquerdo, outra do lado direito, frontal, lateral, vão iluminar apenas uma parte da bola. Então, há que se achar

12 Nascido em 1951, radicou-se na Amazônia em 1989.

alguma maneira de iluminar aquela cúpula de uma certa distância. Não sei se através de satélite ou através de um prédio que seja mais próximo, com luz direcionada. Não de baixo! De baixo não dá.

É preciso iluminar a cúpula de alguma maneira, mas não há como! Porque o turista chega ao Amazonas e aquela cúpula está apagada! Se ela é tão bonita, ela foi feita para ser iluminada interna ou externamente. Eu acho que internamente seria ainda melhor, porque ela não deve ter sido feita só para iluminação externa. Antigamente, nem se pensava nisso, em iluminar externamente um negócio daquele. Eu acho que ela foi feita para se iluminar internamente, como se fosse contraluz. Tanto é que, em volta da cúpula, o que há são umas placas de vidro, que podem ser iluminadas internamente, não externamente.

Durante o dia, a cúpula não é tão bonita, porque a luz do tempo está sobre ela. Mas, durante a noite, a cúpula está apagada. E a coisa mais bonita do Teatro é a cúpula, que durante a noite está morta! Isso desvaloriza o Teatro. Eu, como fotógrafo, ia fotografar constantemente a cúpula do Teatro. Assim como os outros que vêm de fora também querem. É um absurdo: alguém chegar a Manaus à noite e não ter como ver a cúpula do Teatro!

Essa cúpula parece feita com telhas. Imagino que deve ser algum azulejo da Europa. Deve ser alguma coisa muito especial, extraordinária, para durar cem anos sem manutenção alguma! E ela brilha! Parece escama de peixe: acho que eles se inspiraram num pirarucu. Acho que a cúpula do Teatro foi inspirada na escama de um peixe. E na bandeira. No pirarucu propriamente, não, mas talvez tenha sido inspirada no reflexo da escama de um peixe que se chama amarelo.

Às vezes, eu fico pensando que a cúpula parece uma cuia de tucupi, de tacacá ou de açaí de cabeça para baixo! Uma cuia... O Teatro de cabeça para baixo... Sua cúpula é uma cuia! É daí que deve ter vindo a ideia. A cuia é da região. E a bandeira está lá porque queriam uma predominância do Brasil. Queriam algo que tivesse valor em termos do Brasil, não apenas um valor regional. Porque, se fosse regional, teriam colocado a bandeira do Amazonas, que é muito semelhante à dos Estados Unidos.

Yeda Maria Bezerra de Oliveira[13]

Eu vivi em Manaus até os cinco anos de idade e depois me mudei para São Paulo. Mesmo morando fora, sempre estive muito preocupada com as coisas do Amazonas. Então, minha relação com o Teatro se liga a minhas férias: primeiro, as da infância e, depois, as da juventude. Todo ano eu ia para Manaus. Se havia férias, era para ir para Manaus. Eu tenho uma relação com o Teatro porque eu ficava na 24 de

[13] Funcionária do Governo do Estado do Amazonas, idade não revelada na ocasião da entrevista.

Maio, ali perto do Teatro Amazonas. Mas eu não entendia muito bem a grandeza daquela construção. Só que, claro, não dava para não achar bonito o Teatro. Mas eu não estava muito preocupada com o que isso significava. Só que eu ficava numa vila lá perto e, então, mesmo sendo bem criança, eu podia ir até o Teatro. Para mim, era um caminho longo que eu percorria... Podíamos ir até o Teatro, no fim da tarde, para passear pelas ruas. E havia uma história de chegar até o Teatro e de dizer: "Ah! Eu fui até o Teatro!". Era como um marco!

Sempre que havia um batizado ou que íamos assistir à missa na Igreja de São Sebastião – que fica ao lado do Teatro – minha mãe fotografava. Então, eu tenho fotos no Museu do Ipiranga, em São Paulo, com os leões, por exemplo, e em Manaus tenho fotos no Teatro de tudo quanto é jeito. Sempre que havia algum batizado de filhos de amigos, quando estávamos em Manaus, tínhamos o costume de, depois do batizado, ir tirar fotos na Praça de São Sebastião e no Teatro Amazonas.

Quando ia passear no Teatro, fazia o quê? Nada! Não fazia nada! Ficava lá, entrava... Porque houve uma época em que não se cobrava entrada. Então, entrávamos e brincávamos lá dentro do Teatro... Brincávamos de teatro dentro do Teatro! Mas não havia essa relação da grandiosidade – embora seja provável que ela fosse intrínseca! –, não havia uma coisa assim: "Oh! Que maravilhoso!". Eu aprendi que o Teatro era maravilhoso crescendo em São Paulo, porque todas as pessoas que me encontravam diziam: "Ah, você é de Manaus? Ah, você é do Amazonas? Lá vocês têm um teatro, não é?". E eu pensava simplesmente: "É, pois é, temos sim! Há um teatro lá...". Quero dizer, então, que essa ideia da importância do Teatro veio de fora, do fato de as pessoas falarem dele para mim...

Histórias de fantasmas no Teatro todo mundo conta. Quando éramos crianças, não ficávamos lá à noite, por exemplo, simplesmente porque éramos crianças e não podíamos... Tínhamos que voltar para casa antes de escurecer, pois era perigoso. O fantasma que havia não era o fantasma *do* Teatro Amazonas, era um fantasma, assim, mais geral... Um medo de não poder estar ali à noite, de fecharem a porta e não podermos sair... À noite, aqueles corredores, aqueles salões, tornavam-se algo perigoso.

Podíamos entrar, sim. Porque, como eu disse, houve uma época em que não se cobrava ingresso – e, se cobrassem, com certeza ninguém ia pagar para entrar, muito menos as crianças –, então, nós podíamos entrar. Agora, depois da reforma, eu demorei muito tempo para voltar a frequentar o Teatro. Depois disso, não íamos mais. Além disso, eu já não ia com tanta frequência a Manaus nas férias. A vida vai mudando... Aí eu passei a trabalhar com o Teatro quando comecei a trabalhar na representação do Amazonas em São Paulo, há dez anos. Aí, sim, estreitei minha relação com o Teatro, por estar promovendo o Amazonas e, consequentemente, estar falando do Teatro Amazonas. Isso foi, inclusive, após a restauração. Então, trabalhamos com isso. Fizemos até um livro...

Eu trabalho com a promoção do Amazonas, então, entram o Teatro e as experiências das pessoas, aquilo que me contam sobre as experiências. Porque todo mundo quer conhecer o Teatro, quer ter estado no Teatro Amazonas, está interessado no Teatro ou tem algum trabalho para fazer no Teatro: se é fotógrafo, quer fotografar, e assim por diante... Então, acabávamos conhecendo um pouco mais da história. Há muita gente que já vem contando histórias que decorrem de seu imaginário sobre o Teatro. Contam de quem esteve lá: Caruso, Bidu Sayão...

Uma coisa muito importante é que em 1996 foi o centenário do Teatro. E nós, em São Paulo, ajudamos na promoção. O Carreras cantou, foi uma grande festa, que pôde nos dar a medida da importância do Teatro em nossa vida.

Quando criança, fazíamos jogral no Teatro. Na época, eu fazia muito jogral em São Paulo, queria ser atriz, aquelas coisas de criança... Então, ensaiávamos o jogral – mais as meninas, porque os meninos achavam isso tudo uma grande bobagem. Os meninos ficavam assistindo e vaiando, claro! Fazíamos jogral ou aquela brincadeira de princesa... Mas eu lembro bem do jogral, da gente ensaiando jograis! Ensaiávamos antes de ir, para que, quando chegássemos lá, no dia, na hora, estarmos prontos para representar. Mas era uma coisa meio escondida... Mas não era clandestino, porque o Teatro estava aberto. Mas fazíamos tudo meio rápido, porque, se entrasse alguém... Não podíamos ficar ali encenando com alguém assistindo... Então, não sei dizer se era clandestino... Mas não era para ninguém ver, era só nossa turminha da vila!

Eu me lembro de uma coisa marcante, que são os corredores do Teatro. A maioria deles ficava fechada a chave. Algumas vezes eu entrei, mas acho que foi por sorte que encontrei um ou outro aberto. Andávamos mais mesmo era naqueles corredores que davam para os camarotes, para as frisas. Mas também passávamos rápido, porque tínhamos sempre um certo medo! É muito grande e dá um certo receio. E, como éramos crianças, tudo ficava muito maior.

Agora, o Teatro continua lá, na principal praça de Manaus... Mas a cidade cresceu um pouco para o outro lado. Então, hoje em dia, é possível viver lá muito bem sem passar pelo Teatro. Ainda naquela época, quando eu era adolescente, mais ou menos no final dos anos 1970, o Teatro era uma passagem obrigatória. Mesmo para quem morava em outros bairros, tudo acontecia no centro da cidade. Tudo! Para ir ao comércio, ao banco, em toda parte, era necessário estacionar, por exemplo. E onde é que se estacionava? Ali no Teatro!

Outra coisa que para mim era muito impressionante, e que me marcou, era a vista do Teatro. Uns amigos de meus pais moravam em um prédio muito conhecido; um prédio alto que foi um dos primeiros de Manaus. E a janela deles simplesmente dava para o Teatro. Assim: a cúpula estava na janela de casa! Dessa imagem eu não me esqueço. Foi algo muito marcante, que me impressionou muito. E era um apartamento pequeno. Tenho um amigo que mora neste prédio, e o maior orgulho dele é mostrar essa vista! Porque o prédio está assim meio decadente, mais ou menos, mas é central, tem suas vantagens e desvantagens. Mas ele reformou tudo e ficou com a vista do Teatro! Mas é interessante que a cúpula do Teatro, agora, depois dessa restauração, está assim... viva! É um sentimento estranho até... Não sei explicar! Porque a cúpula é algo vivo demais. Talvez sejam as cores em confronto com o rosa da pintura, não sei... Mas é algo muito vivo. E agora, vendo-a através dessa janela do apartamento de meu amigo, ela me parece muito grandiosa mesmo!

Uma amiga arquiteta me disse uma vez que toda cidade tem uma catedral ou uma igreja como marco zero ou como ponto de onde se costuma ter a visão da cidade inteira. E, em Manaus, esse marco não é a catedral, mas, sim, o Teatro Amazonas! E o curioso é que, de toda a cidade, é possível avistar o Teatro! Ela estava enfatizando exatamente isso: o fato de ele ser assim tão poderoso, grandioso!

Eu ficava muito fascinada com as lendas, que ainda tenho na memória... Eu ficava muito fascinada por saber que a alta sociedade do outro século, as pessoas chiques, refinadas, que mandavam lavar as roupas na Europa, com aqueles vestidos maravilhosos, iam ali assistir os espetáculos. Isso sempre me deixou muito fascinada, impressionada, ainda mais quando eu era uma criança... Aqueles vestidos maravilhosos que vinham de Paris! E eu imaginava como deveria ser aquele tempo maravilhoso, e também como aguentavam tanto calor. Eu pensava nisso! Não havia ar-condicionado! No tempo em que eu era adolescente já havia, mas o mais comum era o ventilador. E, com aqueles vestidos – não havia nem ventilador –, a solução era o abano! E a gente lá no palco, pensando como aquilo era interessante, e como eu gostaria até de ter nascido naquele tempo, me reportando para aquele sentimento do passado. Uma vontade de saber como é que era...

Thomaz Décio Abdalla Siqueira[14]

Eu vou começar falando de uma foto que tenho do Teatro Amazonas impressa no computador. Quando minha mãe completou oitenta anos, eu estava em São Paulo, na USP, e recebi a fotografia de minha família todinha reunida, na Igreja dos Remédios, que é uma igreja importante de Manaus, a segunda igreja mais importante. A primeira é a Igreja da Matriz. Recebi essa foto do Teatro Amazonas junto com uma foto da família enviada por meu irmão. Pensei: o que tem a ver o Teatro Amazonas com os oitenta anos de minha mãe? Porque eu sou amazonense, eu adoro Manaus, mas não sou bairrista, eu tenho uma visão crítica em relação a Manaus... Se você estivesse falando com meu irmão também, ele estaria me esculhambando e diria para mim: "Você não é amazonense típico!". E a primeira coisa que eu estranhei na festa dos oitenta anos foi isto:

14 Professor universitário, contava com 39 anos na ocasião da entrevista.

a foto do Teatro Amazonas, que chegou junto com toda a programação da festa da mamãe. Porque no Norte, oitenta anos é uma data muito importante na vida da pessoa. Então, tem a missa, na própria igreja há uma recepção para convidados e familiares, e depois ainda vão para casa para uma festa. E festa em Manaus não é festa de docinho, brigadeiro, empadinha, não... É festa de comida mesmo, senão eles dizem que é festa de pobre... Para você ter uma ideia da importância da coisa, o Teatro Amazonas foi junto com tudo isso!

Eu acho que, em primeiro lugar, o Teatro é importante no sentido de que é um monumento que está, em relação ao centro da cidade, praticamente no meio. Quando eu era criança, era proibido construir prédios ao redor do Teatro Amazonas. Aí, na década de [19]70, começaram a aparecer alguns prédios. Havia – eu não sei se ainda há – uma emissora de rádio que ficava num prédio de dois ou três andares ali perto. Na época houve a maior confusão, não queriam a construção, mas resultado: construíram. Então, ao redor do Teatro havia apenas casas. Ainda existem algumas casas antigas, porque os barões, na época da borracha, queriam morar próximo ao Teatro Amazonas. Porque, para eles, o Teatro Amazonas não era só um centro cultural daquela época, era também um centro de encontros, de paquera.

O escritor Márcio Souza fala que o avô dele contava que os barões pegavam notas de dinheiro e queimavam, numa demonstração de poder, fazendo charutos enrolados com o dinheiro. Lá no Teatro eles se encontravam com as prostitutas – a maioria era de fora, francesas, dificilmente eram brasileiras. E parece que as casas dos barões tinham túneis de ligação com o Teatro, e é por isso que há essas lendas e mitos sobre o Teatro. Há umas casas próximas que possuem alguns túneis que não saem para lugar nenhum. Então ninguém sabe se esses túneis foram bloqueados – porque isso ninguém conta – e nós fantasiamos sobre isso.

Também dentro do próprio Teatro Amazonas existem alguns locais – por exemplo, a cúpula – que hoje não podem ser visitados, a não ser que se tenha alguma permissão especial para pesquisar, filmar ou fotografar. Então, existe uma lenda de que a cúpula era giratória, que ela rodava; mas, em todas as restaurações por que ela passou, nunca se encontrou nenhum mecanismo que comprovasse isso, que fizesse a cúpula rodar. Minha mãe diz que nunca viu a cúpula rodar, mas que também contavam, na época dela, que isso realmente acontecia, que a cúpula era giratória.

Outra coisa era a cor do Teatro: hoje em dia parece que ele está com uma cor rósea; mas minha mãe diz que, na época dela, a cor do Teatro era um cinza, mas já tinha passado por uma restauração. Mas nos livros de Mário Ypiranga Monteiro[15] pode-se ver que a cor do Teatro era mais para essa cor atual, um tom meio róseo, porque não conseguiram fazer um pigmento semelhante ao que era de verdade.

---

15 Historiador, advogado e professor amazonense (1909-2004), deu uma grande contribuição para o estudo da históra de seu estado. Escreveu muitos livros, entre os quais *Teatro Amazonas*, publicado em quatro volumes em 1997.

Agora, para o amazonense, tanto o Teatro como o monumento que existe na frente dele – que é uma homenagem à Abertura dos Portos às Nações Amigas – são muito importantes. Ali em volta, do lado direito, está a Igreja de São Sebastião; do lado esquerdo, a Faculdade de Educação. Há um outro prédio antigo que agora é um Centro de Artes, onde eu trabalhava. Então, sempre passávamos em frente ao Teatro Amazonas.

Houve uma época do Teatro Amazonas, na década de [19]80, em que aconteceu o Projeto Pixinguinha, no qual os espetáculos viajavam por todo o Brasil, especialmente para a região Norte. Aí o Teatro ficou para o povão. Porque, geralmente, quem frequentava o Teatro não era o povão, era a classe média ou a classe alta. Vários cantores – Caetano Veloso, Elba Ramalho – participaram desses eventos e shows no Teatro, e todo mundo falava mal disso. O pessoal reclamava argumentando que, no Teatro, era só para ficar sentado, e não para ficar dançando e cantando. Aquilo estaria estragando o veludo das cadeiras e as madeiras que existem lá também. Todas as madeiras que existem lá são "de lei", são do local, da Amazônia, e também vieram algumas madeiras de Belém. Então, dizia-se que aquilo estava estragando o estofamento. Tinham medo também do que poderia acontecer com o panô que existe lá, que foi pintado por Crispim do Amaral[16].

---

[16] Ator, jornalista, desenhista e caricaturista pernanbucano (1858-1911), foi o fundador da revista *O Malho*, entre outras, e pintor do Pano de Boca do Teatro Amazonas.

Uma coisa interessante é que o contorno do Teatro não era asfaltado. Estava preservado aquele velho piso de borracha. Havia uma camada de borracha que, quando as carruagens passavam, não deixava fazer barulho nenhum. A roda da carruagem era de ferro. E isso evitava trepidações, barulho, para não interromper ou atrapalhar alguma apresentação que estivesse em curso.

A calçada ao redor do Teatro é de pedra, são pedras italianas. E o medo que eu tinha, na época, era da pichação – apesar de que eu nunca vi o Teatro ser pichado –, pois houve uma época de muita pichação em Manaus, mas nunca nenhum monumento clássico foi pichado, nem as estátuas. Agora, recentemente, eu fui descobrir na Internet que aquele monumento da Abertura dos Portos foi cercado, ficou tampado, decerto por causa de algum problema desse tipo. E eu achei tão feio, porque foi feito um cercado que parecia de alumínio; mas não sei direito de que material era. Se fosse para fazer algo assim, deveria ser com um material de fundição, tentando manter o mesmo padrão do Teatro. Eu achei feio, mas talvez possa ter acontecido alguma coisa, e aí foi necessário fazer isso. Mas eu nunca soube de pichação no Teatro.

No Monumento à Abertura dos Portos à Nações Amigas há uma representação dos quatro continentes. E, na parte do continente africano, representando a África, havia uma egípcia, que era uma egípcia perfeita. Eu lembro que, quando era criança, tirei várias fotos dessa estátua, porque eu adoro o Egito. Eram fotos de *slide*, porque o bacana naquela época era tirar fotos de *slide*! Então, eu sei que roubaram uma peça próximo da cabeça dessa estátua – não sei qual peça, mas eu sei que alguém serrou alguma coisa – porque está em minhas fotos. E eu também não sei se recuperaram, mas foi isso o que aconteceu, e talvez tenha sido depois disso que fizeram o cercado.

Antigamente, passeávamos de bicicleta ali em volta do Teatro. Porque as ruas não eram asfaltadas em Manaus naquele tempo, e ali era tudo de borracha. Aqui [*mostrando a foto*] era a avenida principal de Manaus, a Eduardo Ribeiro, que era a única avenida, com letra maiúscula, de Manaus. Depois havia outra, a Constantino Nery, que era famosa pelas mangueiras. Mas cortaram algumas das mangueiras, não lembro em qual governo. Era uma avenida muito larga, que foi dividida em duas. Eu lembro que eu participei de passeatas – eu devia estar no Segundo Grau – contra a modificação, mas não adiantou nada. Então, íamos andar de bicicleta lá no Teatro porque as ruas não eram asfaltadas. A única avenida que havia lá, a Eduardo Ribeiro, também não era de asfalto, mas de paralelepípedos. Íamos lá porque era como se fosse um asfalto, ou ainda melhor que asfalto. Aqui na foto parece pequeno esse espaço, mas é uma coisa grande, dá bem para andar de bicicleta; aprendíamos a andar de bicicleta aqui. Não havia carros! O máximo que entrava ali era patinete – na época não havia patins – e bicicleta.

Na praça havia tacacá para vender, barraca de tacacá. E quem é da região adora! E a coisa era higiênica! Pelo menos eu achava que era! Então, íamos brincar, tomar tacacá, mas não era um lugar aonde o pessoal ia para namorar, não! Para namorar não era esse local. Era na frente da Praça da Polícia, que fica em frente ao tradicional Colégio Dom Pedro II, que ainda existe e que também foi restaurado. Essas coisas aconteciam lá pelo final da década de 1960, começo da de 1970.

Entrávamos dentro do Teatro Amazonas, sim. Não era proibido. Espetáculos eram raros. Em geral, os espetáculos que iam para Manaus eram de São Paulo ou do Rio, onde não tinham feito muito sucesso. Iam para Manaus porque já sabiam que ia lotar, porque, como não havia nada, qualquer coisa vende... Em geral, o que ia para lá era comédia. Tanto é que, por isso, eu tenho um certo preconceito de comédia: se é comédia, eu nem vou.

Outra coisa que eu me lembro de ter visto no Teatro Amazonas foi a primeira vez que a Fernanda Montenegro foi a Manaus. Eu já devia ter uns trinta anos. Ela reuniu o pessoal interessado da cidade, que trabalha com teatro ou apaixonado por teatro, e deu um tipo de seminário para falar da experiência dela, da vida dela no teatro, o que é ser uma atriz, o que é trabalhar em televisão. Ela foi a primeira pessoa que fez isso em Manaus. E foi um *boom*, todo mundo comentava o que ela tinha feito.

Então, brincávamos no Teatro na infância. Não pichávamos o Teatro, nunca houve vandalismo em relação ao Teatro... Tínhamos que tirar os sapatos para entrar no Teatro e ficar de meias, por causa do piso. Quando se entra, logo na entrada, vê-se que ali tudo é de mármore, mas no Salão Nobre é tudo de madeira, e o piso é todo trabalhado, como se fosse marchetaria. Então, acho que era de praxe, era comum tirar os sapatos e entrar de meias. Na plateia, não, ali o piso é acarpetado, é um carpete vermelho. O Salão Nobre fica em cima. Digamos assim: depois da apresentação os artistas fazem um coquetel – ou então havia um *vernissage* –, mas não era para qualquer um, não. Tanto é que eu nunca participei de uma festa no Salão Nobre, nunca fui convidado. Era coisa para governadores. Acho que, quando havia alguma festa, as pessoas usavam um tipo de pantufa ou chinelo para proteger o piso... Agora, a população, quando visitava o Teatro Amazonas, tirava os sapatos como respeito.

Eu lembro que, quando eu tinha uns dezoito ou dezenove anos, já tinha feito curso de turismo pelo Senac e pela Emantur, e então fui recepcionar um *city tour* pelo Teatro Amazonas, quando vi um turista francês usando sapatos no Salão Nobre. Eu fui até grosso com ele, porque pedi para que tirasse os sapatos, e ele respondeu que não ia tirá-los. Fiquei até vermelho de raiva. Hoje, eu acho que eu não faria isso novamente, mas na época eu fiz, exagerei, e ele saiu. É assim: é como se fosse uma casa em que existe uma regra, só que essa regra não é escrita, mas observada. Como vemos todos tirarem os sapatos, esperamos que as pessoas sempre procedam assim também. Ninguém precisa pedir para que tirem os sapatos, mas, naturalmente, todos vão tirando; é um sinal de respeito por aquela regra. No caso do francês, ficou todo mundo me olhando feio depois, porque eu acho que gritei demais; ou talvez a impressão tenha se devido ao inglês que utilizei para falar com o rapaz. Não sei qual foi o motivo exato, mas eu achei o máximo da falta de educação aquele sujeito usar sapatos em pleno Salão Nobre. Ninguém usava! Por que ele ia usar? Quem ficava de sapatos tinha até que andar sobre uma esteira, que seria o local para as pessoas andarem, como uma passarela ou passadeira de veludo vermelho; não sei se ainda há isso.

No teto desse Salão Nobre existem umas pinturas do Crispim do Amaral, que são pinturas de perspectiva. Então, dependendo do ângulo pelo qual as observamos, nós as figuramos com um movimento diferente. É como o quadro da Mona Lisa. Então, é o tipo da coisa que não dá para explicar. É só vendo! Ficamos com o pescoço torto de tanto olhar; sentávamos no chão e ficávamos olhando. Então, todo o teto do Salão Nobre é isso.

A cúpula tem o formato de uma bandeira. É toda de tijolo vitrificado. Diziam que ela girava, mas, historicamente, nunca se encontrou nada que comprovando que isso ocorresse. Existem alguns locais dentro do Teatro Amazonas que eu nem conheço, onde nunca entrei. Não eram permitidos nem para quem trabalhava lá. Ali guardavam algumas peças pequenininhas, que ficavam nos camarins: eram uns bibelôs importados, que faziam parte das penteadeiras nas quais havia os espelhos para os artistas fazerem a maquiagem. Era para os artistas usarem, mas fazia parte do acervo do Teatro. Então, era coisa de cristal para botar pó de arroz, maquiagem... Eu até fiquei sabendo que algumas dessas peças sumiram, porque eram peças pequenininhas, objetos de toucador. Dizem até que foram algumas pessoas que participaram de alguma apresentação, atores, cantores, que as levaram. Mas eu nunca vi essas peças pessoalmente, só por fotografia. Mas isso está guardado lá dentro do Teatro. Há um local onde está guardado esse acervo, e dificilmente alguém tem acesso a ele.

Mas há algumas estátuas, que ficavam na decoração externa do Teatro, que foram roubadas, não sei se por um governador ou por outra pessoa que trabalhou na política, em cuja casa as peças se encontravam. Quem fizer uma pesquisa nos jornais vai encontrar essa história: uma dessas estátuas foi encontrada num colégio, e a outra foi encontrada na casa de um político que foi governador. Devolveram para o Teatro quando ocorreu sua última restauração. Tentaram resgatar o que existia porque começou a haver denúncias: alguém comentava que no jardim de fulano de tal havia algo, e aí começaram a resgatar as peças e a devolvê-las para o Teatro. Começaram a se preocupar em manter o Teatro, e não em apenas abrir para o pessoal de fora. No tempo de minha infância, a população tinha acesso ao Teatro, não pagava nada para entrar. Nós é que tirávamos os sapatos, pois existia um certo cuidado em relação ao Teatro... Havia lá dentro algumas cadeiras – melhor dizendo, um tipo de sofás, que parecem divãs – que eram de veludo vermelho também. Aliás, a maior parte das peças é de veludo vermelho, onde ninguém se sentava. Nós não sentávamos nelas, porque tínhamos medo de que se quebrassem. E não havia nada dizendo que não se podia sentar ali; não havia nenhuma placa, não existia nada, nem um fio que impedisse de chegar perto, mas ninguém se sentava... Havia uma espécie de ordem tácita para que não se sentasse ali, mas apenas na plateia! Então, o fato é que a própria população preservava o Teatro.

Depois, começou a haver um certo comércio em relação ao Teatro, em razão do turismo. Começou-se a ter que pagar um ingresso para entrar no Teatro. A não ser que fosse apenas para comprar algum suvenir... Nesse caso, entrava-se por uma outra porta, lateral. Não se pagava, mas também são se conseguia entrar no Teatro. Como era preciso pagar um ingresso, modificou-se a frequência; limitaram-se as visitas do amazonense ao interior do Teatro. Então, agora o amazonense ou tem dinheiro para entrar no Teatro ou vai assistir alguma peça. Mas aí ele não tem acesso ao Teatro todo, porque a visitação é feita fora dos horários de espetáculo, nos dias específicos.

O que minha mãe contava sobre o Teatro, para mim e para meus quatro irmãos, era apenas "achismo". Por exemplo, ela dizia que houve uma peça no Teatro Amazonas – eu não vou lembrar qual a peça... – encenada pela Sarah Bernhardt... Ela contava que essa peça era considerada maldita, e que toda vez que era encenada, acontecia alguma desgraça. Quando Sarah Bernhardt a encenou no Teatro Amazonas, parece que ela queimou o cabelo, ou alguma coisa assim... A profecia se realizou no Teatro. Havia várias histórias desse tipo. Mas é curioso que eu nunca tenha ouvido falar de histórias de fantasmas. O Teatro não é lugar assustador, não mexe nisso. As lendas eram mais em relação a essas épocas antigas, como algo que teria acontecido com a atriz no camarim quando ela encenou aquela peça, e que ela teria ficado meio louca após a apresentação. Isso é o que comentavam...

Diziam também que o Salão Nobre era usado para as festas das grandes famílias, como festas de quinze anos. As famílias comemoravam no Teatro. Isso foi na época de minha mãe, que hoje está com 84 anos... Na época dela usavam o Teatro para festas, para apresentação de balés das escolas. Mas não de qualquer escolinha, era só de escolas particulares. Havia grandes festas de quinze anos, das famílias de importância. Reuniam-se no Teatro para comemorar. Ou, então, faziam ali alguma confraternização com políticos que iam para Manaus, presidentes da República etc.

Não havia espetáculos; ficou um bom tempo sem qualquer tipo de apresentação. Nessa época não havia nada. Existia um grupo de teatro, que era do Titio Barbosa[17] – não sei como eu me lembrei disso agora... –, que fazia algo como os programas da Eliana ou da Xuxa hoje em dia. Era destinado às crianças. Ele fazia apresentações no Teatro Amazonas; fui assistir várias vezes. A apresentação do Titio Barbosa era sem efeitos, bem pobrezinha, mas todo mundo ia. Eu ia e adorava. E tinha o luxo de ser no Teatro Amazonas. Apesar disso, para nós era uma coisa comum. Havia um respeito pelo local. Mas íamos pensando: "Ah, eu estou indo para o Teatro Amazonas!". Era como se estivéssemos indo para casa. Era o espaço que havia na cidade para tudo, até para teatrinho de marionetes.

Depois apareceu o Teatro do Sesc, e aí começou a haver um certo preconceito também, lá pelos anos [19]80. As peças regionais, feitas no local, teriam que ir para o Teatro Popular do Sesc, e não para o Teatro Amazonas. Deu-se início a uma elitização do Teatro Amazonas. Quando eu saí do Amazonas, já nos anos 1990, o Teatro já estava muito elitizado. Não era qualquer pessoa que podia frequentá-lo. Os ingressos para as peças não eram baratos. Mas as peças que continuam indo para lá são as que não fazem sucesso... Existia um certo preconceito com as peças de lá, com os grupos de teatro da região. Então, qualquer apresentação da região

17 Animador de um programa infantil da TV Amazonas nos anos 1970.

ia para o Teatro do Sesc, e não para o Teatro Amazonas, que ficou mais para as peças de fora, do Rio e de São Paulo. Por isso eu não sei se a população atual conhece o Teatro por dentro ou se o conhece só por fora. Para nós, antigamente, ir ao Teatro era como ir para casa, não era uma coisa assim fora do comum... Íamos com a melhor roupa, é claro, a melhor vestimenta, mas não havia aquela ideia: "Ah, o Teatro Amazonas...". Era como ir para uma casa que já conhecíamos, mas da qual tínhamos orgulho e preservávamos.

Todo amazonense conhece a história do Teatro. Sabe quando ele foi construído, quanto tempo levou para isso, quais foram as restaurações por que passou, quais foram os artistas que fizeram as pinturas, o que está retratado nos panôs, tudo isso o povo sabe. Aprendíamos a história do local, estudávamos nossa história. Isso se deu muito por causa do Mário Ypiranga Monteiro, uma pessoa que divulgou a história de Manaus. Todo mundo que tem trinta, quarenta anos conhece bem a história do Teatro Amazonas, porque ela era estudada nos colégios e era até mesmo mais cobrada nas provas do que a história geral. Acho isso legal, porque hoje nós temos uma visão da história local que, em outros estados, as pessoas em geral não têm.

Mas o Teatro era mais isso: era o lugar para passear de bicicleta, para assistir a algumas peças do Titio Barbosa, para tomar tacacá. E antigamente as peças não eram caras. Depois, durante as décadas de 1980 e 1990, é que foram ficando elitizadas e caras. Tanto que o último espetáculo a que assisti ali foi com um maestro indiano superfamoso... O curioso é que os ingressos para a plateia são caros, e para os camarotes são baratos. A não ser para o camarote do governador ou presidencial. Isso talvez seja porque os camarotes ficam todos nas laterais do Teatro. Os lugares da plateia é que são considerados locais privilegiados. Estes são caros.

Mas o Teatro era mais para isso: para essas peças, que eram raras, não eram constantes. E eu acho até que foi por isso que ele se preservou com essas restaurações. Porque, quando há muito movimento, geralmente o pessoal pode querer fazer algum vandalismo, muito embora eu ache que a população conserva muito mais o Teatro. Eu acho também que ele se conservou e não foi pichado devido à população. Por outro lado, penso que isso está mudando... Veja, por exemplo, o cercado que foi feito no monumento...

Eu acho que é carinho e respeito. Um sentimento saudoso de uma época, eu diria, em que Manaus quase foi a capital do Brasil. Uma época em que a cidade teve um destaque grande, a época da borracha. Eu diria que é um sentimento de orgulho: "Olha, Manaus já teve alguma coisa!". Isso é assim com o Teatro Amazonas; também com outros prédios: a Alfândega, que é também mais ou menos dessa época; o Palácio do Governo; o Colégio Dom Pedro II; o Mercado Municipal, que também é da mesma época, e que é muito bonito. É pequeno, mas tem uma estrutura de ferro toda europeia, superbonita. Mesmo que ele esteja sujo e fedorento, a estrutura continua superbonita... São alguns prédios que foram conservados e restaurados, pelos quais a população tem esse respeito. São esses poucos monumentos que existem em Manaus...

Eu nunca subi na cúpula do Teatro, eu só cheguei até a escada que dá acesso a ela. Eu só fui lá uma vez, quando era muito pequeno. Depois de meus oito anos eu não fui mais, porque já não era mais permitido. Mas o que eu lembro é que se trata de um vitral, mas um vitral que parece tijolo, com uma composição de vidro... Mas é um tijolo... Tijolo não, parece um tipo de telha, que é de vidro, transparente, tanto que a luminosidade passa por ela. E não é frágil, é uma coisa superforte, que dá um efeito bonito com a luminosidade, com o sol. Os desenhos da bandeira se refletem no assoalho. E isso é uma coisa bonita de que eu me lembro. E esses desenhos são refletidos, eu acho, de acordo com a posição do sol e o horário.

O Teatro é bastante tropical; tem alguma coisa de greco-romano, mas na realidade é tropical, tanto que o panô mostra uma representação do encontro das águas, a Iara. Eu diria que procuraram fazer algo meio misturado, que fizesse referência ao elemento nativo, mas que fosse num estilo neoclássico. O vitral da cúpula é de estilo *art nouveau*, mas tem as cores e as formas da bandeira nacional. O panô, que na verdade é uma espécie de cortinado, é superlindo. Tem um estilo europeu, de um tipo de tapeçaria oriental, da Turquia. E está muito bem conservado. Acho até que ele não passou por restauração nenhuma. Tomam um cuidado especial com ele, ninguém pode tocá-lo; há um mecanismo feito para ele subir inteiro, até quase na cúpula, sem dobrar nem enrolar, para não danificar a pintura. Mas em tudo existiu uma preocupação de regionalizar, de valorizar a figura do indígena. Apesar disso, o que está representado ali ainda não é um índio completamente brasileiro. É um índio mais do tipo americano, com aqueles cocares grandes de penas, por exemplo. O índio da Amazônia, o dono da terra, trabalha mais com pintura à base de urucum e jenipapo do que com penas. A Iara é outro exemplo, porque, apesar de representar a Mãe d'Água – que é uma figura indígena –, no panô ela está parecendo uma deusa grega, uma Afrodite ou Vênus romana. Eu acho que o pintor Crispim do Amaral era amazonense. Mas eu não sei se ele tinha autonomia para fazer o que ele quisesse ou se havia alguém para decidir por ele como tinha que ser.

Eu diria, então, que há elementos regionais, mas misturados com outras tradições. Apesar disso, todo o material utilizado na construção foi importado: o mármore, por exemplo, veio da Itália. Existe esse espírito de valorização do regional, mas ao mesmo tempo também está presente a ideia de que os produtos do Brasil não prestam. As madeiras eram da floresta; inclusive foram usadas algumas que já não existem mais, que hoje estão em extinção, como a sucupira, entre outras madeiras de lei que agora só existem longe de Manaus. Valorizar e preferir o que é de fora ao que é da terra é algo que reflete bem o espírito do amazonense. Eu acho que o Teatro Amazonas tem essa importância toda também pelo fato de a população saber que ele veio todo de fora.

O mais bonito do Teatro Amazonas é o Salão Nobre. As escadarias também são muito bonitas. E também o trabalho de ferro no Teatro – as fundições – é muito bonito. O Teatro é todo detalhado, rebuscado. Tanto que não se consegue mais alguém que faça um trabalho de fundição como esse, só se se tirar uma cópia, um mata-borrão ou um molde. As madeiras são todas diferentes, umas mais claras e outras mais escuras ou avermelhadas, formando figuras geométricas e mosaicos, ou trabalhadas em marchetaria, aproveitando os próprios veios. Elas são velhas e não estão danificadas; pelo contrário, estão muito bem conservadas. E as pinturas do teto e das laterais também são lindas, com gravuras e esculturas com alegorias gregas. Há uma coisa interessante na pintura do teto, que é a perspectiva dos desenhos, um trabalho muito bem executado, que dá a ilusão de que as figuras estão se mexendo. Quando olhamos para elas, e depois nos viramos, elas também mudam. Dependendo da posição em que estamos, conseguimos ver uma mesma figura séria, rindo e dando gargalhadas! Dá para ficar lá uma hora ou mais vendo coisas diferentes no teto. Tanto é que eu já olhei aquele teto inúmeras vezes, mas ainda continuo descobrindo coisas. A cada vez que observo, descubro uma coisa diferente no teto. Ele foi restaurado, mas ainda continua com essa magia.

Heloísa Helena Correia[18]

Eu sou de uma família do interior, de seringal. Minha família tem ainda a propriedade, o seringal ainda existe, no Rio Juruá. Foi quando terminou aquele período áureo da borracha – que se tornou impossível sobreviver do seringal – que toda minha família se mudou para Manaus. Isso foi já na década de 1960. Os mais novos, eu entre eles, nos mudamos em 1962. As outras irmãs, mais velhas do que eu, já estavam no colégio interno, no "Auxiliadora" ou no "Doroteia". Eu fui em 1962 e, desde então, sempre morei em Manaus. Íamos para o seringal nas férias, esporadicamente.

Falar sobre o Teatro é lembrar realmente de minha infância. Na época de colégio, as comemorações de datas como o Dia da Criança e as programações mais oficiais eram feitas geralmente no Teatro. Havia também um grupo de teatro infantil que se chamava "O Titio Barbosa". Eu não sei se esse homem ainda vive, mas ele era um batalhador do teatro em Manaus, particularmente do teatro infantil. Ele tinha um grupo chamado "Os Pequenos Cantores de Manaus". Eram essas programações que íamos assistir nas tardes dos sábados e domingos.

Para além dessas coisas específicas, já num período em que eu era adolescente, comecei a assistir algumas peças mais tradicionais que vinham do eixo Rio-São Paulo, como

[18] Assistente social, contava com 38 anos na ocasião da entrevista.

Cinderela, *Branca de Neve e os sete anões*... Todas essas coisas tínhamos em Manaus. Em minha infância, eu observava as condições precárias do interior do Teatro... Havia uma certa precariedade ali, no fim da década de 1960 e início da de 1970.

Quando eu já era universitária, na década de 1980, havia uma programação que se chamava Brasileirinha, ou melhor Projeto Pixinguinha, que trazia artistas do eixo Rio-São Paulo. E, no transcorrer da semana, o Teatro se enchia de universitários para assistir a esses shows.

No fim dos anos 1980, ou talvez no ano de 1991, houve a reinauguração do Teatro, pois ele passou um período fechado. E foi com toda a pompa: ele foi restaurado, dizem que gastaram milhões, uma coisa fantástica! E aí houve até uma manifestação "popular" – entre aspas, porque na realidade não era tão popular, era de universitários e professores – contra o alto preço dos ingressos. Porque as programações do Teatro Amazonas, por mais populares que tentem ser, têm um preço que não é acessível para o povo desde o Projeto Pixinguinha. Na realidade, o Teatro Amazonas sempre foi um *locus* que atendeu as classes média e alta e as pessoas que moravam em seu entorno. Eu sempre morei na Leonardo Malcher, e depois na Visconde de Porto Alegre, que também ficam ali na área central. Mas para a população de menor poder aquisitivo fica realmente muito difícil pagar esses preços. Agora, vou lhe falar algo importante: eu nunca fui lá de graça! Nem que seja simplesmente para visitar o

Teatro, tem-se que pagar ingresso. Desde pequena, sempre paguei pelo acesso ao Teatro.

Geralmente as escolas – sejam elas públicas ou privadas – promovem passeios ao Teatro. E aí o aluno dá uma pequena contribuição, algo como alguns centavos, e então é levado para conhecer o Teatro como um monumento da cidade.

Outra coisa em que fico pensando, também, é que o Teatro é um espaço muito pouco usado. Em minha adolescência eu fui assistir a algumas peças do Márcio Souza, entre as quais uma que se chamava *A resistível ascensão do Boto Tucuxi* [1982], que causou uma polêmica, porque tratava do retorno de um senador à vida política do Amazonas. Acho que foi entre 1982 e 1983, eu era universitária. Em minha lembrança, esse foi o último espetáculo com atores locais, com uma produção de lá mesmo. Depois disso, eu não tive mais informação de que alguma produção local tenha se apresentado no Teatro Amazonas, fora, às vezes, alguma apresentação da orquestra, que não se pode dizer que era uma sinfônica. Mas havia um grupo que tocava. Agora, já na década de 1990, em 1995, mais ou menos, com o maestro [Isaac] Karabtchevsky, que veio de São Paulo, é que Manaus e o Teatro tiveram uma sinfônica. E eu achei lindo! Estive no Teatro vendo a orquestra em 1997 e achei tudo lindo. Aliás, a cidade de Manaus toda está muito bonita, muito limpa, com as coisas funcionando...

Em minha infância, eu ia ao Teatro realmente só para assistir a alguma peça. Geralmente as mães – embora isso não fosse muito condizente com nosso clima – vestiam suas filhas com aquelas meias arrastão, sapatinhos de lacinho e todas aquelas roupas chiques. Realmente, era necessário ir ao Teatro assim, bem-arrumadinha. E também nas peças à noite, claro. Já no Projeto Pixinguinha, não: o pessoal ia de calças jeans. Isso é uma coisa interessante: quando vamos a um outro teatro qualquer, encontramos alguém que está de jeans, alguém de roupa esporte, alguém mais arrumado etc. É algo mais aberto. No Teatro Amazonas, não. Algo de que me lembro é a formalidade. Eu acho que são as pessoas que vão lá que transmitem esse clima de imponência, porque não era para ser imponente. Mas as pessoas acabam introjetando aquela imponência. E também porque já ia da escola um recadinho para as mães: "Olha, é a peça tal, e é para mandar os filhos arrumadinhos, assim, assado!". E daí, pronto! Iam aquelas menininhas bem-arrumadinhas, de lacinho na cabeça, muito bonitinhas. E acabava sendo assim. Já nesse período da universidade, no Projeto Pixinguinha, as coisas eram mais abertas, a preços populares. Coisa de cinco reais, se fosse ao preço de hoje.

Outra coisa de que eu também me lembro é que pequenos espetáculos não tinham acesso ao Teatro. Iam para o Teatro do Sesc, o Tesc. Acho que foi lá que se originou esse grupo de teatro que mencionei, do Márcio Souza. E lá no Sesc havia vários espetáculos. Mas, como estamos falando do Teatro Amazonas, minha referência é de que lá não havia espaço para pequenos espetáculos ou espetáculos não consagrados. Até porque eu acho também que, naquele tempo, Manaus ainda era muito para dentro...

O Teatro é central, ocupa a Eduardo Ribeiro, a 10 de Julho, a Comendador Clementino e a Praça de São Sebastião. Quer dizer, ele está num lugar muito bonito. Mas, na realidade, a beleza maior, quando se chega nele, é no lado da Praça de São Sebastião, onde está o Monumento à Abertura dos Portos à Nações Amigas. Quer dizer, quando penso no Teatro, penso nele com a vista para a praça. Eu nunca vejo o Teatro para o lado da Eduardo Ribeiro, até porque ele é muito encoberto por árvores... E depois, com a Zona Franca, acredito eu, a Eduardo Ribeiro passou a agregar mais lojas, e ficou um movimento muito mais comercial, uma via de grande acesso. As pessoas que passam por lá, parece, têm uma preocupação de resolver problemas, comprar ou fazer outras coisas, e nem sempre admiram o Teatro. Já quando se vai pela outra rua, que é mais tranquila, há mais condições de admirar o Teatro.

Outra coisa são os tons do teatro. Quando eu era pequena ele era rosa, o tom de hoje. Aí, depois, mudou para cinza. Só agora, depois dessa última restauração, é que resgataram a cor original – ao menos dizem que é a original – que é o rosa. Eu gosto mais desse tom de hoje. Achava que o cinza ficava muito triste...

Outra coisa que para mim é muito forte – e eu acho que também é para todo mundo dali – é o que representa o Teatro Amazonas: o período áureo da borracha. Com certeza, foi preciso uma mão de obra muito grande para trabalhar em sua construção, é óbvio. E, quando eu olho para o Teatro, eu me lembro, com certeza, de toda a história dali, que se junta um pouquinho com as histórias que eu ouvia de minha mãe e de meu avô, que sempre foram histórias de seringais.

Eu acho engraçado, por exemplo, que minha mãe sempre falava do pai dela... De quando ele chegou ao seringal... Era sempre algo muito bonito. Pelas fotos também... E nós vivemos também muito bem por lá, no espaço de nossa vida, mesmo sendo no interior, no Rio Juruá. Naquele tempo, tínhamos acesso a uma série de bens de consumo que, depois que nos mudamos para Manaus, com a derrocada total, não tínhamos mais. Tivemos altos e baixos na vida. E o Teatro está na memória de muitas pessoas que viveram as décadas de 1930 e 1940, que correspondem a esse período muito próspero em que havia acesso aos bens de consumo. Foi quando os seringalistas tinham a possibilidade de mandar buscar espetáculos na Europa, de fazer suas festas lá dentro do Teatro, de utilizar aquele espaço. Mas, por outro lado, se pensarmos bem, aquilo tudo sempre foi de um número muito pequeno de pessoas. Porque, com certeza, os seringueiros, os empregados lá do seringal, também não tinham acesso ao Teatro. Quem tinha acesso era o proprietário, o seringalista, mas o seringueiro, é óbvio, não tinha. Fica sempre, em relação ao Teatro, aquela referência de um grupo mínimo de pessoas a usufruí-lo ou a ter acesso a ele.

Eu estou falando do passado, hoje é um pouco diferente. Porque essas coisas vão mudando, e até mesmo o interesse de ir até o Teatro vai sendo despertado nas pessoas, elas vão aprendendo sobre a história etc.

Outra coisa que eu posso falar do teatro é de sua beleza interna. Ele é de uma riqueza muito grande. Ele é todo preparado para receber grandes espetáculos. Possui uma iluminação muito boa. O som, a acústica, o ar-condicionado, tudo funciona perfeitamente. E tudo isso são coisas que não eram condizentes com a cidade. Agora que a cidade está assim tão arrumada e tão bonita, eu acho que as pessoas, ao andarem por ali, por perto do Teatro, passaram a ter uma certa familiaridade com ele, a senti-lo com algo mais próximo delas. Aquele monumento era muito distante da condição de vida das pessoas da cidade. Por cerca de duas décadas, a população de Manaus amargou um isolamento econômico e cultural, e o Teatro ficava ali como um monumento a esse isolamento. Isso foi entre a derrocada da borracha até a chegada da Zona Franca, em 1967. Foram quase vinte anos. Houve um período em que o Teatro estava todo depredado. Havia grupos de rapazes que iam para lá de noite fazer suas farras, ou seja, o Teatro também já foi abrigo para esse tipo de coisa. Eu penso – não posso dizer com muita certeza – que foi lá pelos anos 1970 que ele passou por este tipo de tratamento.

Quando foi no tempo da chegada da Zona Franca, com aquele *boom* de desenvolvimento, aquela implantação das coisas, houve até quem quisesse demolir o Teatro, mas eu não lembro quem. Mas que houve esse absurdo, realmente houve! A população mais esclarecida sempre teve o Teatro como uma coisa sua, cuidava dele, de certo modo. Mas os outros, não. E a área em que está o Teatro, principalmente a Praça de São Sebastião, sofre o mesmo que o Centro das grandes cidades, como São Paulo e Rio de Janeiro. Sofre também porque vem o pessoal das periferias para o Centro para se divertir. As pessoas vinham de Coroado I, II, III, da Zona Leste, do São José, do Alvorada... Vinham para a Praça de São Sebastião para se divertir e não tinham interesse pelo Teatro nem conhecimento dele. Eu acredito que hoje isto mudou. Eram pessoas que não tinham essa visão de preservação de monumentos históricos; isso não existia tempos atrás.

Agora se dá valor àquela beleza interna do Teatro, às pinturas. Digamos que elas têm muito valor artístico: os lustres, os candelabros... Acho que isso tudo expressa um momento vivido pelo estado do Amazonas, pelo Brasil. Quando se entra ali, não se pode nunca deixar de lembrar esses momentos. Eu acho que isso para mim é muito forte: é um lugar onde está sempre vivo esse período que foi muito marcante na história do Amazonas. É curioso: o Teatro não é muito grande no primeiro andar, no saguão; mas quando as pessoas vão entrando, ficam impressionadas! Tem-se uma visão muito boa de todos os ângulos, da plateia, dos camarotes, das arquibancadas...

Quando eu falo que o Teatro Amazonas sempre traz essa lembrança de um lugar mais sofisticado, fico pensando que, nos últimos anos, os governadores sempre têm promovido alguns espetáculos no Anfiteatro da Ponta Negra. Eu suponho que isso é para ver se a população que, digamos, sente uma barreira de entrar no Teatro, começa a participar. Porque existe também a ideia de que o Teatro é muito distante. E às vezes é mesmo, mas por causa do preço, que é tão alto. Mas, mesmo sem esse problema dos preços, toda aquela beleza também pode funcionar como uma barreira. Então, acho que nós precisamos vencer essa barreira, porque o Teatro faz parte de nossa vida. Ou da de nossos antepassados. Mas, de uma forma ou de outra, já fez parte. Quando há espetáculos no Anfiteatro da Ponta Negra, eu penso assim: "Puxa, talvez agora a população vá participar, e quem sabe, de lá, talvez esse pessoal seja puxado para também ir ao Teatro". Isso porque alguns espetáculos que foram apresentados no Teatro foram depois apresentados também no Anfiteatro da Ponta Negra, que é um local aberto, à beira do Rio Negro, o que é muito interessante.

Em 1997, no mês de junho, o colégio onde meu filho estudava promoveu uma dança do boi-bumbá, como, aliás, se fazia também em meu tempo. Mas o Boi, no Teatro, nunca houve! Agora, outra coisa interessante é que a Praça de São Sebastião, em frente ao Teatro, ao contrário, sempre foi palco das manifestações culturais do povo. Isso é verdade:

lá sempre foi o lugar dos comícios, das manifestações, e o Teatro é o cenário.

Ali perto está também o Bar do Armando[19], que é um lugar muito popular em Manaus. É o lugar conhecido pela cerveja mais gelada da cidade, mas é um bar muito rústico: tem aquelas linguiças e salames pendurados, tem um sanduíche de pernil, aquelas coisas muito primitivas, bem lá da região dele, de Portugal. Agora não está funcionando o ano inteiro, porque o Armando já está com uma certa idade e, então, passa sempre umas temporadas na Europa. Mas, sempre que ele está em Manaus, o bar é reaberto. O pessoal que sempre fica ali pela praça, ao redor, fica muito no Bar do Armando. Pode-se dizer que o Bar do Armando se contrapõe à imponência do Teatro. Muitas das pessoas que não frequentam o Teatro – às vezes até por uma opção mesmo, simplesmente porque não querem ir – ficam por ali, contemplando o Teatro de fora. Quando há grandes espetáculos no Teatro, há ainda um maior número de pessoas no Bar do Armando! Escritores, intelectuais que ficam ali para observar aquele movimento, a chegada daqueles carros, muito elegantes... Meio que para fazer a crítica... Não vão ao Teatro, mas também não podem deixar de ver o que está acontecendo...

Eu acho que o Teatro é bem mais bonito por dentro do que por fora, embora seu exterior seja também muito bonito,

[19] Fundado pelo português Armando Dias Soares, na década de 1970, e frequentado por artistas, intelectuais e políticos de Manaus.

diferente, mesmo pintado de rosa, todo trabalhado. Contudo, no lado de dentro há mais sensibilidade, em todos os detalhes.

Hoje em dia eu não sei se as crianças estudam o Teatro na escola, mas em meu tempo estudávamos. Eu estudei num colégio estadual, onde havia uma professora chamada Luísa, que ministrava as disciplinas de Educação Artística e Artes; ela sempre tinha a preocupação de nos transmitir a história do Teatro, entre outras coisas. Era um colégio estadual, público – o Colégio D. Pedro II –, que, aliás, é também um prédio muito bonito do Centro de Manaus. E essa professora tinha essa preocupação. No entanto, eu acho muito difícil que alguém lá da periferia tenha esse tipo de preocupação. Mas isso também depende muito do profissional, de seu interesse pessoal. Eu não sei se isso consta ou não do currículo oficial, mas um professor de História que tiver a sensibilidade de falar sobre a história do Amazonas certamente falará do Teatro. Porque nós, amazonenses, passamos muitos anos sem acesso a nossa história. Era uma história fragmentada, uma coisa mal contada. Então, nem todos os professores tinham condições de contá-la precisamente. Eu não vou nem dizer que é porque não queriam, mas a verdade é que não sabiam, não tinham condições de saber.

Eu até acredito que, no caso do Amazonas, esse resgate da memória que tem havido nos últimos anos foi algo que se deu de fora para dentro. Acho que, quando aparece no cenário mundial a discussão sobre o meio ambiente, sobre a proteção aos povos indígenas, há uma mudança por aqui.

Isso fez o amazonense retomar, outra vez, aquilo tudo que, desde 1967, estava longe, por causa da Zona Franca de Manaus. E, mesmo antes desse período, devido ao isolamento em que vivia a região, eu acho que já tinham se esquecido ou desistido de contar a história do Amazonas. Então, para mim, o marco dessa retomada foi a discussão mundial que houve sobre o meio ambiente, a importância do Amazonas, a importância da floresta, a importância dos rios. Eu acho que isso fez o amazonense se ligar, mas, como disse, foi algo que veio de fora para dentro. Foram as ONGs estrangeiras – lá no Amazonas há muitos ambientalistas estrangeiros – que fizeram suscitar essas questões.

Há um fato, que eu suponho ser uma característica do país, e não só do Amazonas: o desinteresse pela própria história, como se ela fosse uma coisa pequena, muito sem valor. Talvez porque a questão do valor não fosse colocada; não havia orgulho em ser amazonense. Eu acho que a discussão sobre o meio ambiente, sobre os povos da floresta, com o Chico Mendes[20] – índios, seringueiros, ribeirinhos –, mesmo vindo de fora para dentro, fez reacender um pouquinho o sentimento de autovalorização.

Nem os monumentos, como o Teatro, foram suficientes para fazer reacender o sentimento de autovalorização. O Teatro era algo pelo qual a população passava. Passava pelos monumentos, via-os e não percebia sua importância.

20 Seringueiro, sindicalista e ativista ambiental acriano de fama internacional, nascido em 1944 e assassinado, em razão de suas atividades políticas, em 1988.

É claro que aqueles mais esclarecidos percebiam. Sempre houve um grupo de pessoas que tinha essa percepção, mas, de modo geral, não se tinha, não.

A abertura da Zona Franca era um projeto antigo, já da década de 1950. O governo militar apenas se apropriou dele para viabilizar aquela ideia de "desenvolvimento", entre aspas. Mas era um projeto antigo, porque realmente o estado do Amazonas, depois da borracha, vivia uma miséria muito grande e um isolamento total. Então, a Zona Franca foi importante. Hoje, ela precisa ser repensada, mas, na época, foi importante. Apesar disso, eu não faço uma ligação da Zona Franca e a retomada da vida do Teatro. Pelo contrário.

Eu sempre achei que o manauara tinha menos orgulho do que o interiorano, que sempre reforçou o fato de ser *amazônida*, que é como nós falamos. Tanto é que as festas, como a do boi-bumbá, que é de Parintins, no interior, são coisas assim mais "caboclas", em que o pessoal se assume mais. Em Manaus, há pouco esse "assumir" a condição de caboclo. E, por uma questão de interferência de uma cultura externa, as pessoas têm vergonha de dizer que são do interior, que são caboclas... Porque nós somos, na maioria, caboclos! Então, é isso que precisa ser alimentado, porque isso nos ajuda! Eu acho que não só o amazonense, mas o povo brasileiro todo tem que ter orgulho, porque o brasileiro é tão forte, é de um potencial tão grande! E, muitas vezes, nem percebemos esse potencial dentro de nós. Outros podem dizer com desdém:

"Ah, essa é uma raça toda misturada, uma coisa assim meio de segunda...". Mas é isso que dá um tom diferente, e que nos fortalece muito. Por exemplo, o interiorano do Rio Negro tem características que o diferem muito lá de minha região do Juruá. Mas eu sinto que essas pessoas têm muito orgulho do que são.

Um domingo desses assisti na televisão – na GloboNews – um documentário que mostrava um professor de uma escola rural das proximidades de Manaus. Ele levava um barco cheio de crianças, da faixa etária de seis a onze anos, para visitar o Teatro. Sua aula de História foi a ida das crianças dessa comunidade ao Teatro. Eles saem de barco – um tipo de uma canoa grande, um "deslizador", como a gente chama – num dia bonito (porque lá chove bastante, mas esse dia estava bem ensolarado), viajam por trinta minutos e vão ao Teatro... Chegando lá, as crianças descem do barco, e já havia um ônibus que a Secretaria [de Cultura] tinha reservado! E apareceu toda a aula de História daquele professor, que, com seu falar caboclo, e de uma forma acessível às crianças, mostrava a elas aquilo tudo! E, de repente, aquelas crianças estavam lá dentro, conhecendo a história do Brasil, do Amazonas, tendo como referência o Teatro e aquelas belezas todas. Muito interessante, porque elas estavam entrando em contato com a história viva. Assim como esse professor foi ao Teatro, ele também poderia ter ido à Alfândega, ao porto e a tantos outros lugares.

Nos espetáculos infantis, o Teatro estava sempre lotado. Uma lembrança que eu tenho é de ter sempre pais que precisavam segurar as crianças no alto para que o filho conseguisse enxergar o espetáculo, de tão lotado que o Teatro estava! Mas era tão raro haver espetáculos que valia a pena pagar e entrar, mesmo ficando ali em pé! Não tinha como não ir...

3.

Comentários

"A geografia de nossas vidas (ampla como o mapa-múndi ou restrita a um quarteirão, tanto faz) é um espaço mental. Reciprocamente, toda nossa vida mental (memórias, pensamentos, ideias, sonhos...) se projeta no mapa dos lugares por onde a vida nos leva."
(Contardo Calligaris)[1]

O conjunto de relatos dos entrevistados não deixou margem a dúvidas quanto à dimensão do Teatro Amazonas para as pessoas que vivem ou viveram em sua proximidade. Seria redundante afirmar que esse monumento constitui um marco a um só tempo espacial e simbólico, e que desempenha um papel decisivo na formação da identidade dos habitantes de Manaus, bem como em seu imaginário popular e em sua tradição narrativa.

Esta dimensão do Teatro é de tal modo envolvente para as pessoas que sua história não pôde se limitar a relatos frios

1 Modiano e a arte da memória. *Folha de S.Paulo*, 30 de outubro de 2014, p. E 10.

da historiografia oficial ou acadêmica, como sói ocorrer com os monumentos naturais ou culturais com significação transcendente para a coletividade: sua história acabou impregnada pela imaginação e – por que não dizer? – pela necessidade da explicação mitológica que surge diante de fenômenos ou objetivos de marcada importância para o grupo social. É assim que se destaca, por exemplo, a lenda que se criou em torno da inauguração do Teatro, segundo a qual Caruso ali estivera cantando naquela noite. Tal versão chegou mesmo a figurar na *Enciclopédia Britânica* (Monteiro, 1965), além de ter sido divulgada de boca em boca segundo as regras da tradição oral.

Ora, a criação dessa versão que, a rigor, não constitui uma "verdade histórica", é do maior interesse para compreendermos a importância do Teatro quando investigamos seu papel na formação das subjetividades. O filósofo Ernst Cassirer (1944) assinalou que todas as criações comunitárias que procuram dar conta da origem ou do sentido das coisas recorrem a explicações de caráter mítico. Deste modo, para ele, os mistérios do mito não contradizem a *razão*, mas sim completam-na e aperfeiçoam-na, apesar de serem refratários a uma análise meramente lógica. Para esse filósofo, não existe fenômeno da vida humana – nem mesmo nenhum fenômeno natural – que não seja passível de uma interpretação mítica. Mais que isso, estes fenômenos *pedem* tal tipo de interpretação. E não poderia ser diferente com o Teatro Amazonas, dada sua dimensão simbólica. É evidente que não se trata, em seu caso, de uma explicação mítica sobre seu surgimento, pois sua construção está mais do que registrada pela historiografia. Mas o imaginário coletivo não deixa de arranjar pontos sobre os quais exercer sua liberdade e, mais que isso, sua necessidade de criar "verdades" que correspondam à proporção do objeto a que se dirigem. Assim, o Teatro é de tal modo belo e grandioso que só poderia ter sido inaugurado por Caruso! Criação semelhante é a história de que, antigamente, a cúpula do Teatro era giratória. Ninguém se lembra de tê-la visto girar, mas lembra-se de alguém contar que o teria visto.

O aspecto da definição de *verdade* a ser observado aqui não é, obviamente, aquele da historiografia, mas o do *mito*. Neste sentido, é bom relembrar as observações de Bosi (1979) e de Cardini (1993) pertinentes a este fenômeno: não nos interessa apurar o estatuto de verdade dos fatos narrados quando investigamos a história de vida através do relato oral. Pouco importa se os fatos narrados correspondem à verdade concreta ou à imaginação do narrador. Retomando a citação que já fiz de Cardini (1993), reitero que,

> De modo paradoxal, a "verdade" mental será *aquela* mentira, a "realidade" social será constituída por *aquele* erro. [...] Um erro compartilhado universalmente constitui-se em si mesmo numa realidade histórica: os deuses existem e os mitos são reais enquanto numa sociedade seus membros continuam a ter fé indubitavelmente neles num grau e numa intensidade consideravelmente comuns e compartilhados (p. 326).

Portanto, essas lendas, a de que Caruso teria cantado na noite de inauguração do Teatro, ou a de que sua cúpula um dia foi giratória, parecem ter a função de *adequar os fatos a sua importância*. A história de Caruso, além disso, reforça outro aspecto do Teatro que tem a maior importância para a população local, a saber, seu papel de polo privilegiado de contato com o mundo. Se o Teatro é, por um lado, um centro receptor da cultura externa, que alimenta o Amazonas daquilo que se produz no mundo, ele é também, por outro lado, uma espécie de "vitrine" sintética da Amazônia, que se impõe ao mesmo mundo como marco estético.

*****

Procurarei agora levantar, um a um, os pontos que julguei relevantes para a análise dos depoimentos. Alguns deles apareceram de forma reiterada, permitindo-nos considerá-los significativos para a memória coletiva que orbita em torno do Teatro Amazonas.

O Teatro Amazonas e as identidades manauara e amazonense

O Teatro configura-se, sem dúvida, como um ponto fundamental para a constituição da identidade amazonense e, em especial, para a identidade manauara. Torna-se, com sua presença marcante, “parte das pessoas” (sic), mediante um processo que bem poderíamos chamar de “incorporação” simbólica de um elemento cultural transgeracional. Essa incorporação se dá mediante o sentimento de admiração e a percepção da importância e da magnitude do monumento. Seu valor histórico faz com que as pessoas se sintam integrantes de uma coletividade que tem algo *bom* (no domínio da ética) e *belo* (no domínio da estética) do qual se orgulhar. Neste sentido, é uma incorporação de um “bom” elemento, isto é, de um elemento que contribui para a elevação da autoestima individual e coletiva (incorporação esta contrária àquela de elementos maus, que geram o caráter depressivo da identidade), visto que o que se valoriza aqui é a civilização que constrói e mantém um teatro como tal. Ao mesmo tempo que se afirma que o amazonense só dá valor para o que vem de fora, o Teatro surge como elemento autóctone que faz reavivar sua autovalorização. Nessa tensão dialética, o projeto arquitetônico, bem como o próprio uso do Teatro, seguem a tradição clássica europeia. Ele é, digamos, “plantado” em meio à floresta amazônica. Mas ostenta elementos indígenas em suas esculturas!

O processo de incorporação do Teatro pelas subjetividades se dá em dois planos: o da incorporação do Teatro à paisagem da cidade e o de sua incorporação à identidade pessoal individual e coletiva, isto é, tanto na identidade visual da cidade como na identidade individual e coletiva de seus habitantes, quando então encontramos *a presença da cidade e de sua história nas subjetividades*. Vemos nos depoimentos o entrecruzamento do Teatro e da vida das pessoas, através de sua presença em momentos significativos da vida: no lazer, na sociabilidade e até mesmo na determinação da escolha profissional!

Encontramos, nos depoimentos, expressões que atestam peremptoriamente estas conclusões:

- O Teatro é "parte das pessoas".
- "Sem o Teatro, não é Manaus".
- O Teatro é uma "pele", uma segunda "pele" (isto é, a "pele cultural").
- O marco principal da cidade é o Teatro, e não uma igreja ou catedral, como em outras cidades.

Não poderíamos deixar de considerar, ao tratar da identidade coletiva, uma questão que tange à forma como cada categoria social percebe e se apropria – ou não – do espaço e do patrimônio coletivos. Por isso é bom lembrar que, em um dos depoimentos, o problema da diferença da relação de cada classe social com o Teatro foi salientado. É evidente que o Teatro foi construído *por* e *para* uma elite. Houve tempos em que o *povo*, por assim dizer, não se sentia nem era, efetivamente, beneficiado por seu funcionamento, não se fazendo, portanto, parte integrante de sua esfera de influência e não tendo, por este motivo, interesse genuíno em sua conservação.

Cabem, no entanto, duas ressalvas em relação a essa constatação. A primeira delas diz respeito à transformação que, com o passar do tempo, foi sendo operada na relação entre o Teatro e a população em geral, uma vez que, mesmo para aqueles que não adentram o Teatro para assistir aos espetáculos, ele, ainda assim, constitui-se como referência e marco localizador da cidade, como beleza visual disponível aos olhos de todos. Deste modo, enquanto algo belo a ser visto e a marcar indelevelmente sua presença no cenário urbano, o Teatro conquistou todos. E, vale dizer, com o trabalho educativo que as escolas sempre fizeram – incluindo o Teatro nos estudos sobre a história do Amazonas –, seu caráter de *bem e patrimônio público* foi sendo cada vez mais introjetado. A educação sobre a história e a educação para a cidadania tendem a diluir estas diferenças, quando parte da própria população a iniciativa de exigir a preservação do patrimônio público, ao mesmo tempo que se reivindica a possibilidade de se desfrutar dele. Vale lembrar também o papel que o olhar estrangeiro acaba assumindo na valorização da cultura local pela população. É como se a importância do próprio patrimônio – cultural e natural – fosse percebida a partir do olhar de fora, que desperta o olhar local para si e para suas coisas.

A segunda ressalva cuida de desfazer a visada maniqueísta sobre a relação das classes sociais com o Teatro, como se ele fosse de interesse apenas das elites. Afinal, quando se falou em destruí-lo, ou em alterar suas funções de modo a ofuscar sua importância cultural, foi de um certo tipo de elite que partiram tais ensejos...

A *abertura para o mundo*

A "abertura para o mundo", na acepção em que aqui utilizo tal noção, é o contato com o mundo exterior que o Teatro Amazonas veio a proporcionar, por ser ele monumento conhecido e reconhecido tanto nacional como internacionalmente. É evidente que ele se soma à própria natureza amazônica como captadores da atenção externa. Neste sentido, ele pode mesmo ser considerado um elemento de continuidade e, simultânea e paradoxalmente, de ruptura com a natureza da selva onde se instala. É um marco civilizatório extremamente sofisticado que se insere na natureza da selva, produzindo um efeito curioso e paradoxal. Mas esse efeito se desfaz quando, por força da própria fama, o monumento vai se inserindo nessa paisagem, e ali passa a habitar com naturalidade diante do olhar que a ele se dirige. Trata-se da continuidade, harmoniosa e paradoxal, entre o Teatro e a floresta. Neste caso, o Teatro não está sozinho, mas se faz acompanhar de uma série de construções que imprimiram à cidade de Manaus – na execução de um projeto político muito claro e definido – o ar de urbanidade refinada por um certo emprego da arte que visava a alçá-la ao plano internacional, projeto que incluía também os edifícios da Alfândega, do Mercado Municipal, do Palácio da Justiça e do Palácio Rio Negro.

A abertura para o mundo possibilitada pelo Teatro pode ser configurada como um movimento que se dá em dois sentidos: o *projetivo* e o *receptivo*. Explico.

O movimento projetivo se dá de dentro para fora, quando a própria existência do Teatro, com suas características estéticas marcantes e sua riqueza profusa, conduzem o Amazonas aos olhos do mundo, gerando o reconhecimento deste monumento, atraindo estrangeiros, despertando interesse e curiosidade, enfim, projetando o nome do Amazonas através do mundo. Ora, pertencer a *esta* cidade, que possui *este* Teatro, não pode ser algo inócuo no plano da formação das subjetividades nem no plano da formação do sentimento identitário de pertinência a uma dada comunidade, que é visível aos olhos do mundo. Daí a importância do Teatro como veículo de *projeção*[2] de Manaus e, por conseguinte, de seus cidadãos identificados, por meio do sentimento de pertencimento, com sua cidade. O Teatro irradia a produção local, tornando-se o rosto reconhecível da cidade, tal como a Torre Eiffel, a Estátua da Liberdade ou o Cristo Redentor.

O movimento receptivo se dá no sentido oposto ao projetivo, isto é, de fora para dentro. Aqui, o Teatro aparece como polo receptor da cultura estrangeira, função para a qual,

2 Recorro aqui à polissemia do termo *projeção*, que designa tanto o movimento em direção ao exterior como a aquisição de importância e visibilidade, ou seja, destaque.

afinal de contas, ele foi concebido em seu projeto político. Ao construir um teatro que estivesse à altura dos grandes espetáculos europeus, o projeto da elite da borracha era claramente o de "civilizar" o Amazonas por meio da importação da cultura e da arte mais "elevadas" que se podia conceber. Esta seria, então, a função "receptiva", como a chamei aqui.

Mas nem só neste projeto inicial se esgota tal função. Um teatro sempre tem o propósito de receber companhias teatrais e musicais de fora e, com a reinauguração do Teatro Amazonas, após os anos de abandono, essa função é retomada. Além disso, pela existência de um espaço como tal, a própria iniciativa da montagem da orquestra do Amazonas coloca em destaque esta função receptiva que tem sua origem, em última instância, no Teatro. Por meio da orquestra, músicos estrangeiros (de outros países e de outros estados do Brasil) foram atraídos para Manaus para aí atuarem profissionalmente.

Em outro plano, ainda, pode-se detectar outra ramificação da função receptiva: o próprio fluxo turístico gerado pelo Teatro responde por ela, visto que estrangeiros são atraídos pelo monumento e passam a integrar a vida da cidade, a habitá-la. Em uma das entrevistas, ficou bem clara a importância do contato do entrevistado com pessoas de outras partes do mundo nos arredores do Teatro.

Com o passar do tempo, naturalmente, as funções receptiva e projetiva tendem a deixar de lado a oposição vetorial que as define para, noutro patamar, colocarem-se em direção a um processo de integração pela via do intercâmbio, isto é, para um processo no qual advenha um equilíbrio entre a "importação" e a "exportação" da cultura e da arte, momento privilegiado de reconhecimento, afirmação e legitimação da produção autóctone, tanto em sua vertente popular como na erudita.

O Teatro Amazonas como logradouro público

Um aspecto que aparece de modo reiterado na fala dos entrevistados diz respeito ao Teatro não enquanto *função de teatro*, mas na qualidade de *logradouro público*. Estamos aqui diante de seu papel na paisagem e na malha urbana de Manaus, isto é, de seu papel de *lugar de circulação* (aí incluindo seus entornos) e enquanto marco e referência visuais. Um dos entrevistados diz que, para as pessoas de Manaus, o Teatro é uma "coisa normal", no sentido de que se encontra na paisagem urbana quase como um dado de natureza, ou seja, organicamente incorporado ao visual da cidade.

Temos, no primeiro caso, o Teatro descrito primordialmente como cenário de eventos fundamentais para a vida individual e coletiva. Apareceram, nas entrevistas, referências ao Teatro e suas proximidades – imantadas pelo calor estético que dele emanava – como palco de folguedos infantis, espaço para o jogo de futebol, para andar de bicicleta ou simplesmente para caminhadas e passeios de fim de tarde. Lugar também em cuja praça se tomava tacacá, de sabor genuinamente amazônico. Dignas de nota foram também as referências ao Titio Barbosa, que, com seu trabalho teatral, animava as matinês das crianças. Cumpre também lembrar o Teatro enquanto local obrigatório das visitas de escolares, conduzidos pelas próprias escolas. Nessas ocasiões, aventura e aprendizado da história local ocorriam simultaneamente.

Muito interessante foi a referência ao Teatro como lugar para "brincar de teatro", quando, no tempo em que ele estava distante de suas funções específicas, as crianças podiam nele entrar, circular quase livremente e, até mesmo, "brincar de teatrinho" em seu palco! Esse dado, além de seu valor intrínseco, remete-nos à plasticidade da representação social e do uso propriamente do espaço do Teatro através das épocas. Seria impensável, hoje em dia, que suas portas fossem mantidas abertas a todos que quisessem "brincar" em seu interior, utilizando suas instalações!

Se vimos acima o uso que se fazia do espaço do Teatro como lugar onde se desenrolavam os folguedos infantis, pudemos detectar também a continuidade de seu uso nas transformações e nos ritos de passagem da adolescência. Lugar de iniciação amorosa, seus entornos eram ponto de encontro para aqueles que começavam a namorar e, também, para os meninos que lá iam bisbilhotar os mais velhos e saciar as curiosidades sobre a vida afetiva e sexual, além de conhecer os segredos dos relacionamentos proibidos, não oficiais... Mais tarde, na vida universitária, o Teatro foi pano de fundo para manifestações estudantis de caráter político ou reivindicatório (como a manifestação contra os altos preços por ali praticados).

Em um segundo sentido, o Teatro aparece como marco visual de suprema importância, isto é, como nada menos que a referência máxima para a cidade de Manaus. Sem exagero, poderíamos falar de uma espécie de "magia da visão" que seu semblante representa. Assim, além de simples marco como logradouro (ponto de referência para que as pessoas se localizem no mapa urbano), verificou-se a existência de um caráter adicional de prazer visual no sentido da fruição estética: a visão do Teatro e, primordialmente, de sua cúpula, aparecem como *vista privilegiada*, tal como o mar em uma cidade litorânea, as montanhas, o céu estrelado, e assim por diante. Tudo isso se dá, evidentemente, em conexão solidária com o papel do Teatro como gerador da própria identidade coletiva, ou seja, como elemento integrador na constituição identitária da cidade.

A cúpula do Teatro merece, aqui, uma atenção especial. Seu brilho reflexo adquire um caráter de tal maneira impressionante que se tornaram necessárias verdadeiras operações simbólicas para significá-la. É assim que ela se converte em "escama de peixe" (do pirarucu ou do amarelo) ou, então, em "seio decepado das amazonas", em uma clara alusão a seu caráter materno e nutriente ("oral", diriam os psicanalistas...).

O Teatro Amazonas como elo histórico transgeracional

O Teatro Amazonas, construído como foi no apogeu do ciclo da borracha – apogeu que já marcava o início de sua decadência – guarda no próprio semblante, tanto quanto em seu significado existencial, o caráter de marco de uma época histórica. Isso, aliás, não é característica peculiar a ele, mas a todo monumento histórico significativo. O que importa é o fato de que, do ponto de vista das subjetividades, ele é vivido e representado como o elo maior da cidade de Manaus com seu passado de esplendor econômico e de *glamour* social e cultural.

Assim sendo, o Teatro Amazonas é, por excelência, o objeto a um só tempo real e simbólico, isto é, externo e introjetado, que funciona como elo de contato com o passado da cidade e, por conseguinte, com as gerações anteriores. Ele é a marca da perenidade diante do efêmero. Ele é a história viva que permanece. Diante de sua presença, o contato imaginário com o passado e os antepassados, em forma de devaneio, aciona-se no interior de cada um. Uma das entrevistadas o demonstra claramente, ao afirmar que a figura do Teatro a transportava para um outro tempo, fazendo-a reportar-se a um certo "sentimento do passado". Passado que não era o seu, mas o de sua avó! Seus devaneios, então, moviam-se pela curiosidade de "saber como é que era" aquele tempo de esplendor do Teatro e do Amazonas, gerando um "desejo de ter nascido naquele tempo". Tocamos aqui, incidentalmente, em outro ponto importante quanto à importância e ao papel do Teatro, que vem a ser a mobilização da atividade do devaneio, especialmente do devaneio infantil. Se, no interior do Teatro, em seu palco, as crianças eram atores e atrizes (ao "brincar de teatrinho" no Teatro), então, elas também percorriam outras épocas antepassadas através do fantasiar que a representação do Teatro catalisava.

Ora, o papel de fio condutor da identidade através das épocas e gerações coloca o Teatro no centro da identidade cultural transistórica. Sabemos que as identidades individual e coletiva não se limitam ao tempo presente, mas deitam raízes no passado (nos antepassados familiares e culturais), como lembrança, e se projetam para um futuro, como *expectatio*. É assim que o Teatro é um elemento propiciador da ligação aos passados (de esplendor, mas também de decadência) e aos futuros (consubstanciada, essa ligação, nos projetos de permanência, que acionam a preocupação com sua preservação).

Neste sentido, o Teatro acaba funcionando como um elemento de fomento à apropriação da história local pelos cidadãos de Manaus. Sua concretude monumental não deixa margem para que a história escape. Ele a cerca, captura e exibe. Vimos nas entrevistas que os alunos das escolas eram levados ao Teatro para conhecê-lo e, conhecendo-o, entravam em contato com a história de Manaus, do Amazonas e do Brasil.

A *atividade do imaginário coletivo*

Chegamos, finalmente, a um tópico da maior importância para o desvelamento dos meandros da memória social, em sua estreita relação com a formação das subjetividades. Aqui, o Teatro Amazonas caracteriza-se como um fundamental elemento propulsor do funcionamento do *imaginário coletivo*, do surgimento espontâneo de *fantasias populares coletivas* e de suas formas correlatas, expressas pelo conjunto de *narrativas comunitárias* que orbitam a seu redor.

Antes de enunciar algumas das histórias e casos que se contam sobre o Teatro, cabe lembrar que, nos diversos depoimentos, eles são tratados de maneira razoavelmente uniforme, ou então são afirmados pelo entrevistado como pertencentes ao conjunto de narrativas da comunidade, e não apenas a sua experiência individual. Esta constatação serve-nos para exemplificar – e também para atestar – a atuação da chamada *memória coletiva*, que impregna a vida das pessoas que compõem um determinado grupo. Não se trata, aqui, apenas da existência de um conjunto de recordações coletivas, mas, também e sobretudo, de um modo comum de percepção e apreensão de uma certa realidade. Estamos, portanto, diante daquilo que Halbwachs (1950) chamou de *quadros sociais* da memória, que fornecem aos indivíduos participantes de uma comunidade os meios de conservar e reconstituir suas recordações.

Assim, passaremos às recordações das construções que se deram em torno do imaginário acionado pelo Teatro e seu significado histórico e estético.

Comentava-se que, na imensidão do Teatro, especialmente em sua fase de abandono, circulavam fantasmas, amedrontando as crianças que por lá circulavam em busca de aventura. Ora, esta é uma fantasia mais simples, típica do imaginário infantil diante de espaços grandes, vazios ou fechados.

No entanto, outras construções fantasmáticas mais amplas e complexas também foram se criando. O boato de que Caruso teria se apresentado na inauguração do Teatro é uma delas. Mesmo desmentida por historiadores, essa versão ganhou fôlego e chegou a constar até mesmo na *Enciclopédia Britânica*! Ora, na verdade trata-se de uma fantasia condizente com o aspecto monumental do Teatro. É uma forma coletiva de expressar a percepção de seu caráter absolutamente incomum, produzindo um encantamento, a um só tempo, por seu aspecto estético especial e por sua própria monumentalidade.

Vimos também, nas entrevistas, exemplos retirados do conjunto de narrativas coletivas sobre o Teatro que se revestem de um caráter mítico-lendário, à moda das explicações populares sobre todas as coisas que devem ser explicadas, seja na natureza, seja na cultura. É assim que teria havido um tempo em que a cúpula do Teatro era giratória; as casas dos barões da borracha possuíam túneis que as ligavam diretamente ao Teatro, onde a elite, certamente, fazia aquilo que os viventes comuns apenas podiam adivinhar ou imaginar; e assim por diante...

É digna de nota a história de que Sara Bernhardt, por encenar uma peça maldita, teve seus cabelos queimados acidentalmente no camarim após sua apresentação. Ou teria ficado meio louca, não se sabe muito bem... Enfim, nos camarins do Teatro Amazonas profecias se realizavam, e quantas devem ter sido elas...

A *preservação do patrimônio histórico material e narrativo*

Finalizando, cabe uma palavra sobre o Teatro Amazonas como um lugar de condensação de afetos coletivos e, simultaneamente, como foco de atração de quem vem de fora. São estes fatores que, devidamente conduzidos, fazem com que o "orgulho" por ele despertado e os benefícios a partir dele auferidos convertam-se em ação política – governamental e não governamental, isto é, de iniciativa da sociedade civil – orientada para a preservação do patrimônio histórico.

Todo e qualquer projeto de preservação do patrimônio histórico tem maiores chances de ser levado a cabo efetivamente quando a população, cônscia de que é sua própria história e sua identidade que ali estão consubstanciadas, participa ativamente da empreitada. Em todas as entrevistas ficou bastante nítida a afetividade que se dispensa ao Teatro. Em uma delas, inclusive, o entrevistado pôs-se a falar do respeito com que se tratava o Teatro, suas dependências, seus móveis e seus objetos, quando, por exemplo, era consenso de que se devia tirar os sapatos para adentrar determinados cômodos. Na mesma entrevista aparece o zelo para com as peças e os objetos dos camarins, tudo isso vivido como parte integrante do patrimônio histórico representado pelo Teatro. Surge um sentimento que, para além do respeito, beira a sacralidade. Mesmo quando muitas construções recebiam maus-tratos ou pichações, o Teatro era preservado, diz um depoente. Outro já afirma que o Teatro também pode ter sido vandalizado em algum momento... Essa divergência, é claro, não pode ser resolvida objetivamente com um apelo aos fatos reais ou históricos. É inerente à própria tradição narrativa, que comporta ambiguidade e contradição, na medida em que escapa da historiografia para adentrar uma lógica de caráter mítico.

Para além da preservação material, existe, ainda, outra conservação, da qual tratou este trabalho: a preservação da memória coletiva e da narrativa comunitária. Ao tomar e registrar os depoimentos, foi possível verificar o quanto *falar* do Teatro Amazonas e das histórias que o cercam reavivou nos entrevistados seu sentimento de pertinência grupal e, portanto, sua identidade regional. Por isso, posso dizer que este trabalho trouxe à tona um pouco da força que a narrativa, ancorada na memória, possui tanto para o indivíduo como para a coletividade[3].

É fato, entretanto, que a tradição narrativa, no contexto da vida cotidiana, entrou em declínio na cultura moderna, visto que ela só pode sobreviver se sustentada pelo intercâmbio de experiências, do qual as pessoas foram se privando.

Jean-François Lyotard (1986) relaciona a tradição oral a um "tríplice saber", visto que os atos de linguagem pertinentes ao saber veiculado pela narrativa não são efetuados somente pelo interlocutor, mas também pelo ouvinte e, ainda, pelo terceiro de quem se fala. O ritmo imposto pela cultura moderna, dificultando a troca de experiências, acaba sendo um obstáculo à permanência plena da tradição narrativa, que sofre a concorrência do domínio da *informação* peculiar à sociedade de massas. Benjamin (1936a) fala da "atrofia da experiência" que ocorre no estilo de vida moderno, com as novas formas de comunicação e com as novas relações que o homem estabeleceu com o tempo e com o espaço nas grandes cidades.

De acordo com Maria Luisa Schmidt (1987), a narrativa resulta de um trabalho coletivo que acolhe a sabedoria e as experiências de vida naquilo que elas têm de essencial e inesquecível. Mas sua sobrevivência está na dependência

---

3 Em se tratando do Amazonas, não podemos deixar de nos lembrar de um trabalho de registro da memória que merece consideração. Refiro-me às obras de Chloé Loureiro (1987 e 1997), que misturam suas lembranças pessoais e familiares aos usos, costumes, festas, comemorações e, especialmente, à culinária de seu tempo.

de uma comunidade de ouvinte e narrador, que é exatamente o que a cultura moderna ameaça extinguir. O narrador, dentro da tradição oral, era aquele que processava as experiências dele próprio e da comunidade, imprimindo-lhes uma consistência e dotando-as de sentido e utilidade.

> Na tradição oral, os relatos e as histórias são objetos culturais que contemplam uma dupla necessidade da experiência: a de sedimentação ao longo do tempo, abrigando o passado e a abertura para o presente. Os relatos e as histórias atualizam a experiência do passado, ao mesmo tempo em que se enriquecem com aquela do presente (Schmidt, 1987, p. 51).

Além do mais, a narrativa tem a função de conectar cada um à própria experiência, à do outro e à dos antepassados, o que funde, a um só tempo, o *pessoal* com o *coletivo* e o *presente* com o *passado*. Estes traços da narrativa oral sobrevivem em algumas formas literárias, especialmente na memorialística ou na ficção, que dela se impregna mais intensamente. A tradição oral é uma fonte que alimenta muitos escritores. E as narrativas literárias que se aproximam da tradição oral são as que mais conservam a força e o sabor da experiência.

Mesmo considerando o declínio da experiência e, por conseguinte, da tradição narrativa, foi possível, na realização deste trabalho, entrar em contato com aquilo que ainda existe como remanescente dessa tradição. As entrevistas –

inseridas em intervalos de descanso no cotidiano de trabalho dos entrevistados – foram marcadas, sem exceção, por um clima de paixão pelo tema proposto, proporcionando momentos de encontro alegres e fecundos para entrevistados e entrevistador. O exercício da narrativa, durante todo o tempo, deixava a forte impressão de estar cumprindo seu papel de permitir o acesso ao mundo de recordações significativas de cada pessoa que falava, o que criava um acontecimento rico dentro de seu cotidiano. Durante o processo de entrevista, a narrativa brotava espontaneamente, permitindo ao entrevistado entrar em contato com sua história de uma forma criativa.

Referências bibliográficas

AGOSTINHO, Santo (397/401) Confissões. *Os Pensadores*. São Paulo: Abril Cultural, 1980.

BACHELARD, G. (1960) *A poética do devaneio*. São Paulo: Martins Fontes, 1988.

BENJAMIN, W. (1936a) Sobre alguns temas em Baudelaire. *Os Pensadores*. São Paulo: Abril Cultural, 1980.

_______. (1936b) O narrador: observações acerca da Obra de Nicolau Leskov. *Op. Cit.*

BERGSON, H. (1897) *Matéria e memória*: ensaio sobre a relação do corpo com o espírito. São Paulo: Martins Fontes, 1990.

BOSI, E. (1979) *Memória e sociedade*: lembranças de velhos. São Paulo: T. A. Queiroz, 1983.

_______. A pesquisa em memória social. *Psicologia USP*, v. 4, n. 1/2, p. 277-284, 1993.

CARDINI, F. História, história social, história oral, folclore. *Psicologia USP*, v. 4, n. 1/2, p. 319-328, 1993.

CALLIGARIS, C. Modiano e a arte da memória. *Folha de S. Paulo*, 30 de outubro de 2014; p. E 10.

CASSIRER, E. (1944) *Ensaio sobre o homem*: introdução a uma filosofia da cultura humana. São Paulo: Martins Fontes, 1994.

DEMARTINI, Z. B. F. Trabalhando com relatos orais: reflexões a partir de uma trajetória de pesquisa. *Textos 3*. 2ª série, 1992.

______. Relatos orais: a participação dos sujeitos na pesquisa histórico-sociológica. *Cadernos CERU*, v. 2, n. 5, p. 61-68, 1994.

FERRAZ, F. C. *Andarilhos da imaginação*: um estudo sobre os loucos de rua. São Paulo: Casa do Psicólogo, 2000.

______. *A presença da cidade e de sua história nas subjetividades*: o caso particular do Teatro Amazonas. Manaus: Governo do Estado do Amazonas – Secretaria de Estado da Cultura, 2012.

FERRAZ, M. C. *A transmutação da vida nas cidades*. Trabalho apresentado na IV Bienal de Psicanálise (promovida pela Sociedade Brasileira de Psicanálise de São Paulo). São Paulo, 31 de outubro a 02 de novembro de 1998.

HALBWACHS, M. *Les cadres sociaux de la mémoire*. Paris: Alcan, 1925.

______. *La mémoire collective*. Paris: PUF, 1950.

LANGER, S. K. *Filosofia em nova chave*. São Paulo: Perspectiva, 1989.

LOUREIRO, C. *Doces lembranças*. São Paulo: Marco Zero, 1987.

______. *Ao sabor das lembranças*. Manaus: NormaCor, 1997.

LYOTARD, J.-F. *O pós-moderno*. Rio de Janeiro: José Olympio, 1986.

MEIHY, J. C. S. B. *Canto de morte kaiowá*: história oral de vida. São Paulo: Loyola, 1991.

______. Definindo história oral e memória. *Cadernos CERU*, n. 5, série 2, p. 52-60, 1994.

MONTEIRO, M. Y. *Teatro Amazonas*. Manaus: Governo do Estado do Amazonas, 1965.

______. *Restauração e recuperação do Teatro Amazonas*. Rio de Janeiro: Bloch, 1974.

QUEIROZ, M. I. P. Relatos orais: do indizível ao dizível. *Ciência e Cultura*, v. 39, n. 3, p. 272-286, 1987.

SCHMIDT, M. L. S. *A experiência de psicólogas na comunicação de massa*. Tese de doutorado. Instituto de Psicologia da Universidade de São Paulo, 1987.

______. O passado, o mundo do outro e o outro mundo: tradição oral e memória coletiva. *Imaginário*, n. 2, p. 89-100, 1995.

SCHMIDT, M. L. S. & MAHFOUD, M. Halbwachs: memória coletiva e experiência. *Psicologia USP*, v. 4, n. 1/2, p. 285-298, 1993.

THIOLLENT, M. *Metodologia da pesquisa-ação*. São Paulo: Cortez, 1986.

VALLADARES, C. P. *Restauração e recuperação do Teatro Amazonas*. Manaus: Governo do Estado do Amazonas, 1974.